Liebe Leserinnen, liebe Leser!

Die Autoren ***Rasso Knoller*** *und* ***Oliver Gerhard*** *leben schon lange in Berlin. Insofern war dieser DuMont Bildatlas für sie Herausforderung und Heimspiel zugleich.*

Die Fotografin ***Sabine Lubenow*** *hat ihren Hauptwohnsitz in Düsseldorf, findet Berlin aber mindestens so inspirierend.*

Gleich für mehrere Monate hat sich Sabine Lubenow in Berlin einquartiert, hat von einer eigenen Wohnung aus die Stadt fotografisch erkundet. Das Ergebnis ist faszinierend, viele Bilder aus der deutschen Hauptstadt hat man so noch nicht oft oder auch noch gar nicht gesehen. Eines meiner Lieblingsmotive finden Sie auf S. 14/15, die beiden jugendlichen Sportler trainierten vor dem Berliner Dom, kamen mit unserer Fotografin ins Gespräch und waren dann gern bereit, gleich mehrere kraftvolle Sprünge vor dekorativer Kulisse auszuführen.

Berlin ist immer anders

Dies ist bereits der fünfte Bildatlas, der über Berlin erscheint. Die erste Ausgabe wurde noch zu Zeiten herausgegeben, als die Stadt geteilt war, die zweite dann bald nach der Wende, die dritte Ausgabe folgte 2002 und die vierte 2009. Jetzt wiederum neun Jahre später lässt sich feststellen, Berlin hat sich rasant weiterentwickelt. Vielerorts entstanden und entstehen neue das Stadtbild prägende Bauten. Nach wie vor ist die deutsche Hauptstadt die Spielwiese einer internationalen Architektenelite. Nahezu fertiggestellt ist das Berliner Stadtschloss, das ab 2019 zwei bedeutende Museen beherbergen wird (vom neuen Berliner Flughafen und dessen Fertigstellung sprechen wir an dieser Stelle besser nicht).

Comeback des Westens

Doch es geht nicht nur um einzelne Bauten, die Stadt insgesamt ist immer noch oder immer wieder im Wandel begriffen. Nach dem Fall der Mauer wandte sich das Interesse vorwiegend dem Ostteil zu, der Berliner Bär steppte nun in Mitte oder auch in Prenzlauer Berg. Allmählich – so stellen Rasso Knoller und Oliver Gerhard heraus – besinnt man sich erneut auf den Westen. Ein Shoppingbummel auf dem Kudamm ist angesagter denn je, in Charlottenburg-Wilmersdorf oder Schöneberg werden Bausünden der Vergangenheit ausgemerzt. Der Rüdesheimer Platz in Wilmersdorf wurde einmal gar von der New York Times zum „schönsten Ort Berlins“ gekürt. Etwas übertrieben? Entscheiden Sie selbst ... (S. 51).

Herzlich

Ihre

Birgit Borowski

Birgit Borowski
Programmleiterin DuMont Bildatlas

66 Abendstimmung an der Oberbaumbrücke

96 Eines der vielen Berliner Grüns: Spreeufer am Treptower Park

44 Manchmal ist die Stimmung im Regierungsviertel dramatisch: Reichstag und Paul-Löbe-Haus

Impressionen

Berlin Mitte

City West

UNSERE FAVORITEN

BEST OF ...

24 Alte Nationalgalerie auf der Museumsinsel

Der Osten

Hippes Berlin

Der grüne Westen

Anhang

DuMont Aktiv

Genießen Erleben Erfahren

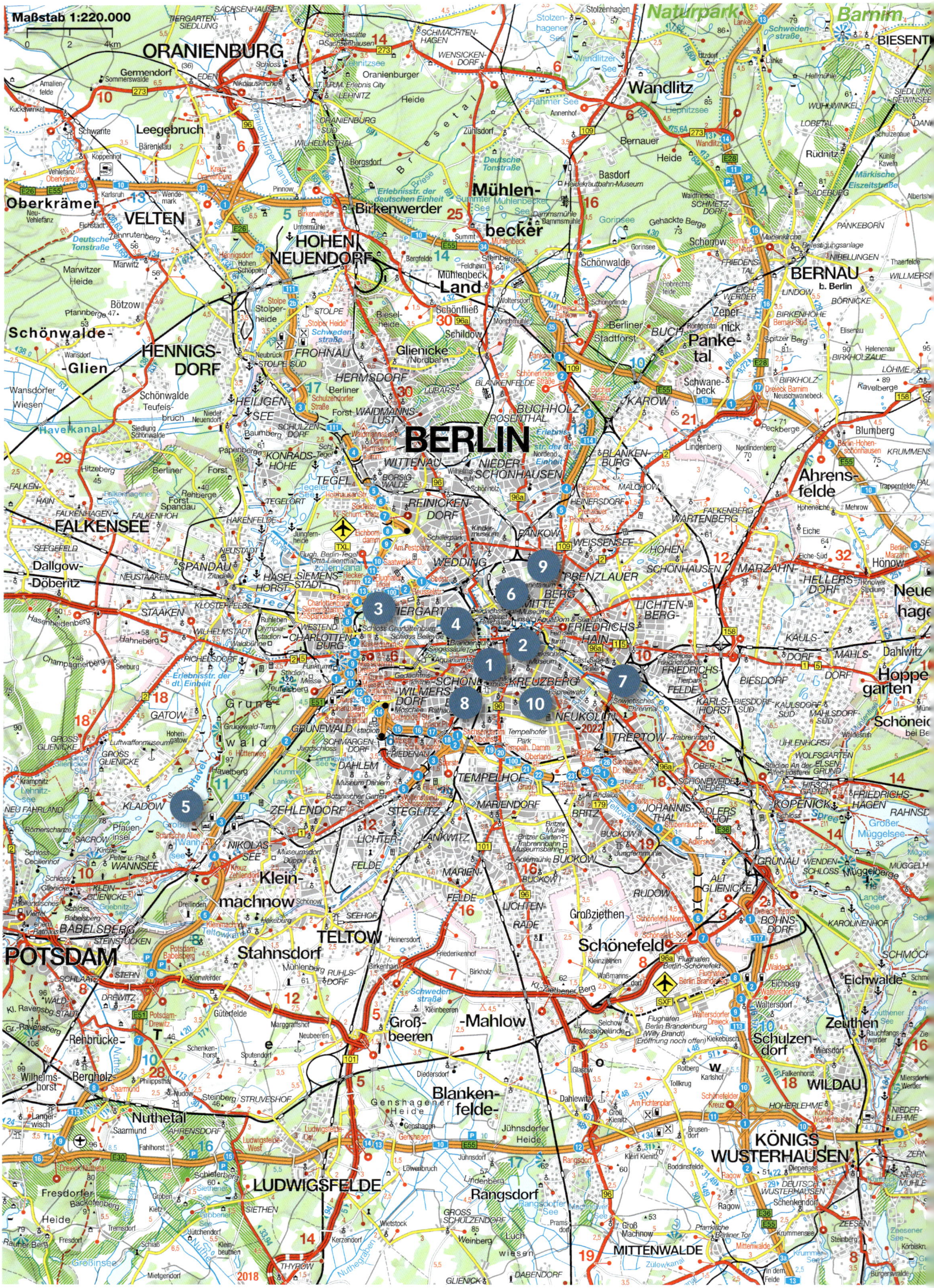

Maßstab 1:220.000
0
2
4km
ORANIENBURG
Naturpark
Barnim
Wandlitz
BIESENTHAL
Leegebruch
Mühlen-
becker
Land
Oberkrämer
VELTEN
HOHEN
NEUENDORF
Birkenwerder
BERNAU
b. Berlin
Schönwalde-
-Glien
HENNIGS-
DORF
Glienicke
(Nordbahn)
Panke-
tal
BERLIN
Ahrens-
felde
FALKENSEE
Dallgow-
-Döberitz
SPANDAU
TEGEL
PANKOW
WEDDING
PRENZLAUER
BERG
MITTE
FRIEDRICHS-
HAIN
LICHTEN-
BERG
MARZAHN-
HELLERS-
DORF
CHARLOTTEN-
BURG
KREUZBERG
NEUKÖLLN
TREPTOW
Neuen-
hagen
Hoppe-
garten
Schöneiche
bei Berlin
GRUNEWALD
ZEHLENDORF
STEGLITZ
TEMPELHOF
KÖPENICK
Klein-
machnow
TELTOW
POTSDAM
Stahnsdorf
Schönefeld
Groß-
beeren
Mahlow
Blanken-
felde-
Eichwalde
Zeuthen
Schulzen-
dorf
WILDAU
KÖNIGS
WUSTERHAUSEN
Nuthetal
LUDWIGSFELDE
Rangsdorf
MITTENWALDE
1
2
3
4
5
6
7
8
9
10

Topziele

Die bedeutendsten Sehenswürdigkeiten Berlins und Erlebnisse, die keinesfalls versäumt werden sollen, haben wir auf dieser Seite für Sie zusammengestellt. Auf den Infoseiten ist das jeweilige Highlight als **TOPZIEL** *gekennzeichnet.*

KULTUR

1 **Brandenburger Tor:** Das bedeutendste Wahrzeichen Berlins dient auch vielen Großveranstaltungen als Kulisse. **Seite 41**

2 **Museumsinsel:** Hier am Ausgangspunkt der Berliner Geschichte drängen sich einige der weltweit bedeutendsten Museen. **Seite 41**

3 **Schloss Charlottenburg:** Die einstige Sommerresidenz der preußischen Könige ist das schönste aller Berliner Schlösser. **Seite 63**

4 **Reichstag:** Der mächtige Bau mit seiner prägnanten Aussichtskuppel repräsentiert wichtige Epochen politischer Geschichte. **Seite 64**

NATUR

5 **Wannsee:** Die Berliner schätzen ihr Grün sehr. Zu den besonders geliebten Freizeitzielen zählt der vom Grunewald gesäumte Wannsee, dessen Strandbad bei sommerlichen Temperaturen die halbe Stadt anzieht. **Seite 94**

ERLEBEN

6 **Bummeln und Einkaufen:** Kurfürstendamm und Friedrichstraße und zählen zu den bekanntesten Shoppingadressen der Hauptstadt. **Seite 42 und 63**

7 **Spreeschifffahrt:** Ob nur einmal durch Mitte oder bis nach Köpenick, per Schiff lässt sich das vielgestaltige Berlin entspannt betrachten. **Seite 42**

8 **Potsdamer Platz:** Eher ein Stadtteil als ein Platz – für Architekturbewunderer oder als Shopping- und Ausgehziel, der Potsdamer Platz repräsentiert in jeder Weise das moderne Berlin. **Seite 64**

9 **Kastanienallee:** Prenzlauer Berg rund um Kastanienallee und Wasserturm eignet sich hervorragend für gastronomische Ausflüge. **Seite 79**

10 **Karneval der Kulturen:** Vier Tage lang wird die Vielfalt Berlins gespiegelt. Höhepunkt ist der Umzug durch Kreuzberg, der geradezu südamerikanisches Flair verströmt. **Seite 81**

Immer an der Spree entlang

Mit 3,6 Millionen Einwohnern ist Berlin Deutschlands größte Stadt. Menschen aus rund 190 Staaten leben hier. Die mehr als 100 000 türkischstämmigen Bewohner machen Berlin zur größten „türkischen" Stadt außerhalb des Mutterlandes. Bemerkenswert auch: Fast sieben Prozent der Gesamtfläche sind Seen oder Flüsse, dadurch wird Berlin zur wasserreichsten Stadt Deutschlands. An der Spree entlang führt ein Spazierweg fast durch das gesamte Zentrum. Kein Streckenabschnitt ist aber so geschichtsträchtig wie der am Reichstag.

Kuppel auf dem Dach

Nach der politischen Wende war es noch lange nicht ausgemacht, dass die Regierung nach Berlin umziehen würde. Erst am 20. Juni 1991 beschloss der Bundestag mit der relativ knappen Mehrheit von 338 zu 320 Stimmen, dass die Stadt Sitz der Bundesregierung und des Deutschen Bundestags sein solle. Letzterer zog in den Reichstag ein. Dem zwischen 1884 und 1894 erbauten Gebäude setzte man 1999 eine Kuppel aus Stahl und Glas aufs Dach. Aus dem von Sir Norman Foster geplanten „Aufsatz" hat man nicht nur einen phantastischen Blick über Berlin, man kann auch den Abgeordneten bei ihrer Arbeit von oben herab zusehen.

Touristenansturm am Grenzübergang

Der Checkpoint Charlie war einst einer der am schärfsten bewachten Grenzübergänge der Welt. Für Normalsterbliche blieb er aber ohnehin verschlossen. Es durften nur alliierte Militärs, Botschaftsangehörige, Mitarbeiter der Ständigen Vertretung der Bundesrepublik Deutschland und DDR-Funktionäre passieren. Als die DDR-Regierung die Rechte der Westmächte in Berlin einzuschränken versuchte, standen sich hier am 27. Oktober 1961 sowjetische und amerikanische Panzer gefechtsbereit gegenüber. Der Weltfrieden stand auf der Kippe. Heute ist der Checkpoint Charlie eine der meistbesuchten Sehenswürdigkeiten der Stadt – das Grenzerhäuschen ist allerdings ein Nachbau. Das Original steht im Alliierten-Museum in der Clayallee 135.

TITANIC

Berliner Höhenflüge

Der Lustgarten war während seiner über 500-jährigen Geschichte Park, Gemüsegarten – hier wuchsen die ersten Kartoffeln Preußens – und Exerzierplatz. In der Weimarer Republik und während der nationalsozialistischen Herrschaft fanden hier große politische Kundgebungen statt. Nach der Wende hat man ihn einem Facelifting unterzogen. Heute sieht die Fläche wieder so aus wie in der Zeit um 1900. Der Berliner Dom und das Rote Rathaus (rechts im Hintergrund) sind Anziehungspunkte für Touristen. Die Berliner nutzen den kleinen Park eher für Sport und Spiel. Ohnehin ist Berlin mit über 2500 Parkanlagen eine ideale Stadt für Freunde des Grüns.

TEST THE REST

Mit dem Trabi durch die Wand

Die East Side Gallery ist ein zum Kunstwerk umfunktioniertes Stück Mauer. Auf einer Länge von 1,3 Kilometern reiht sich hier ein Gemälde ans andere. Dass Kunst an ungewöhnlichen Orten gezeigt wird, ist durchaus typisch für Berlin, einer Stadt, in der in alten Fabrikhallen Museen entstehen, in Lagerräumen Galerien und in Brauereien Theater und Kinos. Das Bild eines Trabants, der die Mauer durchbricht, stammt von der Künstlerin Birgit Kinder.

RESTAURANT
Josty

Auferstanden aus der Brache

Seit August 1961 verlief die Mauer quer über den einst verkehrsreichsten Platz Europas, bis zur Wende eine riesige Brachfläche. In den 1990ern verwandelte sich der Potsdamer Platz schnell zur größten Baustelle Europas. Wolkenkratzer um Wolkenkratzer wuchs in den Himmel. Weltbekannte Architekten verwirklichten hier ihre Ideen, so auch der US-Amerikaner Helmut Jahn, der für das Sony Center verantwortlich zeichnete. Trotz anfänglich skeptischer Kommentare wurde der neu gestaltete Potsdamer Platz sowohl von Einheimischen als auch Touristen schnell angenommen und hat sich zu einem der beliebtesten Ausgehviertel der Stadt entwickelt.

Vielfältiger Blick auf Kultur

Am Rande des Monbijouparks liegt eine der ältesten Strandbars Berlins – direkt gegenüber das Bodemuseum. Zusammen mit dem benachbarten Pergamonmuseum, der Alten Nationalgalerie, dem Alten Museum und dem Neuen Museum gehört es zum Ensemble der Museumsinsel, das wiederum zum UNESCO-Weltkulturerbe zählt. Kulturfreunde können sich in Berlin sowieso wie im Paradies fühlen. Über 170 Museen und rund 300 private und kommunale Galerien warten auf Besucher.

Musik, Theater, Show und Kabarett

Rundblick über die Kulturstadt

Musik oder Theater, Show oder Kabarett – Berlinbesucher haben die Qual einer übergroßen Wahl. Diese Auswahl soll eine kleine Hilfestellung geben.

1 Staatsoper Unter den Linden

„Sorgen Sie, dass mir der dicke Knobelsdorff melde, wie es mit meinem Opernhaus … steht!" – mit diesen Worten soll Friedrich II. dem Baumeister seiner Hofoper Dampf gemacht haben. 1742 wurde Premiere gefeiert. Seit 1992 führt Daniel Barenboim das Haus als Generalmusikdirektor. Nach umfangreichen Renovierungsarbeiten und einem damit verbundenen „Exil" im Schillertheater spielt man seit Ende 2017 wieder an alter Stelle Unter den Linden.

Staatsoper, Unter den Linden 7, Tel. 030 20 35 45 55, www.staatsoper-berlin.de; Kasse tgl. 11.00–19.00 Uhr und Abendkasse

2 Deutsche Oper

Unauffällig, nüchtern und gleichzeitig trutzig: Architektonisch weckt der Bau der Deutschen Oper, 1961 im Stil der Nachkriegsmoderne eröffnet, zunächst keine Begeisterung. Umso größer war zu Zeiten der geteilten Stadt die Strahlkraft des Hauses als Gegengewicht zur Staatsoper Unter den Linden. Traditionell Richard Wagner verbunden, machte sich das Ensemble auch mit Interpretationen der Klassiker und zeitgenössischer Opern einen Namen.

Deutsche Oper, Bismarckstraße 35, Tel. 030 34 38 43 43, www.deutscheoperberlin.de; Kasse Mo. bis Sa. 11.00–19.00, So. 10.00 bis 14.00 Uhr und Abendkasse

3 Berliner Philharmonie

Das musikalische Herz West-Berlins schlug immer hier. Der wie ein Zelt wirkende Bau Hans Scharouns mit leuchtend gelber Fassade wurde 1963 eröffnet – und hat bis heute nichts von seiner Dramatik verloren. Er ist die Heimat der Berliner Philharmoniker, die unter Herbert von Karajan zu Weltruhm gelangten. „Bei den Berliner Philharmonikern ist garantiert, dass die Musiker alles geben, immer!", lobt der aktuelle Chefdirigent Sir Simon Rattle sein Orchester.

Berliner Philharmonie, Herbert-von-Karajan-Straße 1, Tel. 030 25 48 89 99, www.berliner-philharmoniker.de; Kasse Mo.–Fr. 15.00–18.00, Sa. und So. 11.00–14.00 Uhr und Abendkasse

4 Konzerthaus Berlin

Eingerahmt von Deutschem und Französischem Dom, dominiert das Konzerthaus Berlin den Gendarmenmarkt. Sein Innenraum wurde bis 1984 neu geschaffen – mit einer herausragenden Akustik. „Musik nahe bringen", lautet ein Motto des Hauses. Man kann bei einer Konzertreihe mitten im Orchester Platz nehmen oder bei öffentlichen Proben Geschichten zu den gespielten Werken lauschen. Die Palette reicht vom Sinfoniekonzert über Kammermusik und Musiktheater bis zu Kinderkonzerten.

Konzerthaus Berlin, Gendarmenmarkt, Tel. 030 203 09 21 01, www.konzerthaus.de; Kasse Mo.–Sa. 12.00–19.00, So. 12.00 bis 16.00 Uhr und Abendkasse

5 Berliner Ensemble

Die Namen Bertold Brecht und Helene Weigel sind bis heute mit dem Berliner Ensemble verbunden. Die beiden Künstler gründeten das Ensemble 1948 – und gaben die Richtung vor, die bis heute Gültigkeit hat: „Empathie mit den Schwachen und Demaskierung der Mächtigen". Seit 1954 dient das 1892 errichtete Theater am Schiffbauerdamm als feste Spielstätte. Viele Stücke sind Dauerbrenner – zum Beispiel Brechts „Aufhaltsamer Aufstieg des Arturo Ui" mit rund 400 Vorstellungen.

Berliner Ensemble, Theater am Schiffbauerdamm, Bertolt-Brecht-Platz 1, Tel. 030 28 40 81 55, www.berliner-ensemble.de; Kasse Mo.–Fr. 8.00–18.30 Uhr und Abendkasse

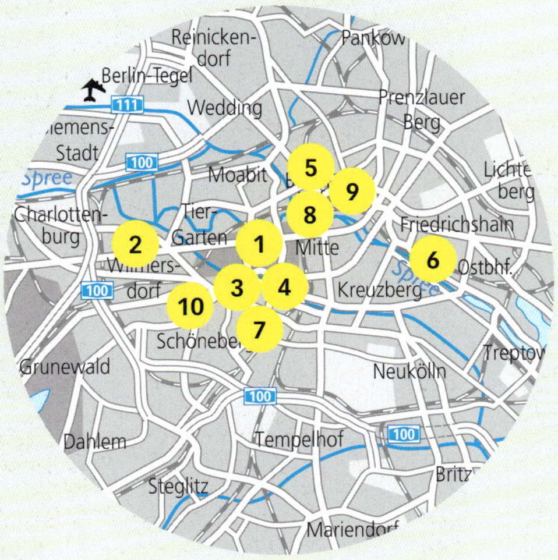

6 Berliner Kriminaltheater

„Die Mausefalle" von Agatha Christie, „Arsen und Spitzenhäubchen" und sogar „Der Name der Rose": Im Berliner Kriminaltheater in den Räumen eines denkmalgeschützten Umspannwerkes geht es meistens um Kapitales. Dem Genre, das in Literatur und Fernsehen äußerst populär ist, wurde in Berlin ein eigenes Theater gewidmet. Zur Aufführung kommen nicht nur Klassiker wie „Der Mörder ist immer der Gärtner", sondern auch aktuelle Bestseller wie von Jussi Adler-Olsen.

Berliner Kriminaltheater, Palisadenstraße 48, Tel. 030 47 99 74 88, www.kriminaltheater.de; Kasse Mo.–Sa. 15.00–19.00 Uhr und Abendkasse

7 Tempodrom

Die Mauer stand nur wenige Meter entfernt, als 1980 die Event-Location Tempodrom in Kreuzberg als einfaches Zirkuszelt errichtet wurde. Gut 20 Jahre später entwarf das Architekturbüro Gerkan, Marg und Partner ein 35 Meter hohes Pendant aus Beton auf dem Gelände das Anhalter-Bahnhofs, das bis heute zu den Wahrzeichen der Berliner Skyline zählt. Im Angebot sind Konzerte und Musicals, Comedy, Eisrevuen – und sogar Zirkus.

Tempodrom, Möckernstraße 10, Tel. 01806 55 41 11 (0,20 €/Anruf aus dem Festnetz), www.tempodrom.de; nur Abendkasse eine Stunde vor Veranstaltungsbeginn

8 Friedrichstadt-Palast

Sie werfen die Beine, wirbeln über die Bühne, schweben durch die Luft: 60 Tänzerinnen und Tänzer aus 26 Ländern bilden das Ballettensemble. Vor rund 100 Jahren von Max Reinhardt gegründet, musste sich die heute laut Eigenwerbung größte Theaterbühne der Welt mehrfach neu erfinden: 1984 beim Einzug in den neu errichteten Palast – und natürlich nach der Wende. Mehr als 750 000 Gäste besuchen jedes Jahr die spektakulären Inszenierungen, allein die aktuelle Produktion kostete gut 12 Mio. Euro.

Friedrichstadt-Palast, Friedrichstraße 107, Tel. 030 23 26 23 26, www.palast.berlin; Kasse tgl. 10.00 bis 18.30 Uhr und Abendkasse

9 Kabarett-Theater Distel

Zum Reichstag oder Kanzleramt könnte man von der Distel, einem der größten Ensemble-Kabaretts in Deutschland, bequem zu Fuß gelangen – beste Voraussetzung, um den Politikern auf die Finger zu schauen. Das war nicht immer leicht: Kurz nach dem Arbeiteraufstand von 1953 gegründet, bewegte sich das Kabarett geschickt auf dem schmalen Grat zwischen öffentlicher Förderung und staatlicher Zensur. Spezialität blieb bis heute eine Mischung aus Sketchen, Solonummern und frechen Liedern.

Kabarett-Theater Distel, Friedrichstraße 101, Tel. 030 204 47 04, www.distel-berlin.de; Kasse Mo. –Fr. 11.00–18.00, Sa. und So. 11.00–17.00 Uhr und Abendkasse

10 Bar jeder Vernunft

„Kopflos, haltlos, schrecklich, schön!" – so wirbt die Bar jeder Vernunft für ihr Programm in einem alten Tanzzelt. Zu den Stammkünstlern des 1992 gegründeten Cabaret-Theaters mit Programmen aus Show, Comedy, Kabarett, Literatur und Theater zählen berühmte Namen: die Geschwister Pfister und Meret Becker, Max Raabe und Cora Frost, Maren Kroymann, Désirée Nick und Ulrich Tukur. Immer wieder wagen sich die Veranstalter an Eigenproduktionen wie die Inszenierung des Musicals „Cabaret" und versuchen, auch unbekannte Künstler zu fördern.

Bar jeder Vernunft, Schaperstraße 24, Tel. 030 883 15 82, www.bar-jeder-vernunft.de; Kasse Mo.–Sa. 12.00–18.30, So. 15.00–17.30 Uhr und Abendkasse

OMSK
ALMATY
TASCHKENT
NOWOSIBIRSK
KRASNOJARSK
IRKUTSK
ULAN-BATOR
JAKUTSK
CHABAROWSK
WLADIWOSTOK
NEW DELHI +30'
KARACHI
COLOMBO +30'
RANGUN +30'
DHAKA
HANOI
BANGKOK
PHNOM PENH
JAKARTA
PEKING
SHANGHAI
MANILA
PERTH
HONGKONG
KUALA LUMPUR
SINGAPUR
PJÖNGJANG
TOKYO
SEOUL
CANBERRA
MELBOURNE

Das Herz der Hauptstadt

Rund um den Boulevard Unter den Linden befand sich das Zentrum des alten Preußen, nicht nur politisch, sondern auch kulturell. 1830 wurde hier mit der Eröffnung des Alten Museums die Entstehung der heutigen Museumsinsel eingeleitet. Durch den Wiederaufbau des Stadtschlosses erfährt dieses Weltkulturerbe eine spektakuläre Erweiterung. Das Scheunenviertel war einst die Heimat der jüdischen Gemeinde – und ist heute lebendiger denn je.

Demonstration angeblicher Weltoffenheit in der DDR: Weltzeituhr und Fernsehturm am Alexanderplatz

Die Mauer ist wieder da! Ein weißes Band quer durch Berlin, mehrere Meter hoch – wie das Original, das die Metropole 28 Jahre lang teilte, Kieze und Häuser durchschnitt und Familien trennte. Als spektakuläre Kunstaktion namens „Lichtgrenze" ist sie zum 25-jährigen Jubiläum des Mauerfalls noch einmal auferstanden: nicht als wuchtige Betonmauer, sondern hell und filigran in Form von 8000 leuchtenden Heliumballons. Je dunkler es abends wurde, desto kraftvoller strahlte sie.

Ebenso viele Ballonpaten standen bereit, um „ihr" persönliches Licht gleichzeitig in den Himmel steigen zu lassen – verbunden mit einer Botschaft auf einer Postkarte. „Ich war beim Fall der Mauer 14 Jahre alt. Die Angst, für immer eingesperrt zu sein, war plötzlich vorbei", erinnert sich ein Pate. „Ohne Mauerfall würde es mich nicht geben", schrieb ein Schüler. „Vielen Dank Oma und Opa fürs Demonstrieren!"

Das Brandenburger Tor ist das bekannteste Wahrzeichen nicht nur Berlins, sondern ganz Deutschlands.

Die Lichtgrenze zog sich über die Oberbaumbrücke und strahlte die East Side Gallery an, einen der letzten verbliebenen Mauerreste, auf dem sich Künstler aus aller Welt verewigt haben. Sie säumte die Spree vor dem Reichstag und passierte den Checkpoint Charlie. Die beeindruckendste Wirkung erzielte sie jedoch am Brandenburger Tor, wo sie sich wie ein goldenes Band um den historischen Bau legte.

Ort mit Symbolkraft

Das 1791 errichtete Tor ist das bekannteste Wahrzeichen Berlins, ein Nationaldenkmal von starker Symbolkraft. Als

2700 Betonstelen bilden das Holocaust-Mahnmal, eine Erinnerung an die von Nazi-Deutschland ermordeten Juden Europas (oben). Sehen und gesehen werden, so war es immer auf dem Boulevard Unter den Linden (Mitte). Nach der Eroberung Schlesiens samt seiner katholischen Bevölkerung wurde in Preußen das Verbot des Katholizismus aufgehoben – und in Berlin sofort mit dem Bau der Hedwigskathedrale begonnen (unten). Blick über den Pariser Platz auf das Brandenburger Tor (rechts)

Vor der Alten Nationalgalerie thront Preußenkönig Friedrich Wilhelm IV. auf seinem Pferd. Friedrich Wilhelm hatte die Museumsinsel als Kunststätte bestimmt

Der US-amerikanische Architekt Ieoh Ming Pei gestaltete den 2003 eröffneten gläsernen Anbau des Deutschen Historischen Museums, das im einstigen Zeughaus und Waffenarsenal untergebracht ist

Auch die der Museumsinsel gegenüber liegende Parkanlage ist James Simon gewidmet. Der Baumwollunternehmer gehörte zu den größten Berliner Kunstmäzenen der wilhelminischen Ära

Friedrichsbrücke und Deutscher Dom: Die Spreeinsel war einst das Zentrum des wilhelminischen Deutschlands

Heute zeigt sich die Berliner Museumsinsel wieder in verdientem Glanz.

Stadttor geplant, als „Friedenstor“ eröffnet, entwickelte es sich im Laufe der Geschichte schnell zum Triumphtor: 1806 zog Napoleon Bonaparte nach seinem Sieg über Preußen hindurch. 1933 feierten die Nationalsozialisten hier mit einem Fackelzug die Machtergreifung. Und 1945 zum Kriegsende rollten sowjetische Panzer.

Mit dem Beginn des Mauerbaus am 13. August 1961 wurde das Brandenburger Tor zum traurigen Symbol der deutsch-deutschen Teilung. 28 Jahre lang durften nur die Grenztruppen der DDR den Platz betreten. Umso größer war die Volksfeststimmung am 9. und 10. November 1989, als die West-Berliner zu Tausenden ans Tor pilgerten, die breite Panzersperrmauer bestiegen und von oben die Beine baumeln ließen.

„Günstige Betondemontage“ warb ein Schild ironisch, das ein Berliner in die Kameras der versammelten Weltpresse hielt, doch bis zur endgültigen Öffnung des Brandenburger Tores sollte es noch anderthalb Monate dauern – die SED-Regierung wollte diesen bedeutsamen Ort nicht so schnell aufgeben. Heute ist das Brandenburger Tor fester Bestandteil jeder Besichtigungstour.

Museen mit Masterplan

Mit dem Mauerfall eröffnete sich auch die Chance, das Ensemble der Museums-

Aus dem Babylon Mitte des ersten vorchristlichen Jahrtausends stammt die Prozessionsstraße: Pergamonmuseum auf der Museumsinsel

Bis heute trägt die Berliner Museumsinsel die Handschrift ihres Gründers, Wilhelm von Bodes.

insel zwischen Spree und Kupfergraben zu modernisieren und neu zu ordnen: fünf Häuser aus den Jahren 1830 bis 1930 mit herausragenden Sammlungen von der Frühgeschichte über die Antike bis zur Kunst des 19. Jahrhunderts. 1999 fiel daher der Beschluss für einen „Masterplan Museumsinsel". Die Idee eines solchen Gesamtkonzeptes war allerdings nicht neu: Schon 1841 hatte König Friedrich Wilhelm IV. die Bildung einer „Freistätte für Kunst und Wissenschaft" verfügt.

Namhafte Architekten aus aller Welt bewarben sich um den Auftrag. Eine Herausforderung, musste der ausgewählte Entwurf doch nicht nur dem strengen Blick der UNESCO standhalten, die das Ensemble zur Welterbestätte erhoben hatte. Er durfte auch die Erwartungen der Berliner nicht enttäuschen, die Neuerungen traditionell eher skeptisch gegenüberstehen, und musste architektonisch spannend genug sein, um in der Fachgemeinde nicht durchzufallen.

Schließlich wurde David Chipperfield die Gesamtkoordination übertragen. Wichtigstes Element in der Konzeption des Briten ist die neue, dem wilhelminischen Kunstförderer James Simon gewidmete Galerie als zentrales Eingangsgebäude, von dem aus die Besucher über eine unterirdische Archäologische Promenade vier der fünf Museen erreichen sollen. Bislang verschlossene Bereiche der Insel werden zu öffentlichen Plätzen ausgebaut. Letzter Meilenstein ist ein neuer Flügel für das Pergamonmuseum – mit Zieldatum 2026.

Haus mit Wunden

Ein Meisterstück hat Chipperfield bereits 2009 mit der Sanierung des Neuen Museums abgeliefert, in dem heute die Sammlungen der Vor- und Frühgeschichte und ägyptische Kunst gezeigt werden – darunter auch die Nofretete. Durch Bomben und Granaten schwer getroffen, war der Museumsbau fast fünf Jahrzehnte lang Wind und Regen ausgesetzt – rund 70 Prozent der Substanz vernichtet. Eine Bürgerinitiative kämpfte vehement für eine originalgetreue Rekonstruktion nach den Plänen Friedrich August Stülers, der das Neue Museum 1843 bis 1855 errichtet hatte. Der Auftrag Chipperfields lautete dagegen auf eine mehr gestalterische Freiheit lassende „ergänzende Wiederherstellung".

Der Architekt behandelte die Ruine wie eine archäologische Ausgrabungsstätte: Alle erhaltenen Mauern, Farben, Böden, Mosaike wurden sorgfältig saniert. Zerstörte Teile ersetzte er durch modern-schlichte Elemente oder suchte gleichwertigen Ersatz – so wurden in

Das Bodemuseum bildet die Nordspitze der Museumsinsel, Heimat unter anderem der Skulpturensammlung

Nicht unumstritten: Im Treppenhaus des Neuen Museums ist das Nebeneinander von Alt und Neu schön zu sehen

Der Hamburger Bahnhof wurde zum Museumsstandort und beheimatet heute zeitgenössische Kunst

Der Gendarmenmarkt wird gern als Berlins schönster Platz gelobt – hier mit dem Klassizismus von Konzerthaus und Französischem Dom

Auch die Friedrichstraße war einst geteilt: früherer Übergang Checkpoint Charlie

Heute leicht zu überwinden: der Verlauf der ehemaligen Berliner Mauer

Die jahrzehntelange Teilung Deutschlands dokumentiert sich in Berlin nur noch an wenigen Orten.

ganz Brandenburg rund 300 000 Ziegel aus Abbruchhäusern aufgekauft. Die „Wunden“ des Hauses konservierte der Stararchitekt nahezu unverändert: Risse und Einschusslöcher, Granatenspuren und Witterungsschäden.

Am eindrücklichsten ist dieses Erlebnis in der einst nahezu vollständig zerstörten großen Treppenhalle, in der sogar schon Bäume wuchsen: Von Stüler als prunkvoller Saal im Stil der Antike konzipiert, dominieren heute mächtige Treppen aus Beton und kahle Ziegelwände – dazwischen stehen historische Säulen aus Carrara-Marmor, noch schwarz von den Feuern des Krieges, ausgewaschen vom Regen und mit Einschusslöchern. „Muss das denn sein, so speckig und fleckig, so schartig und brüchig?“, fragte Architekturkritiker Heinrich Wefing nach der Eröffnung rhetorisch. Und antwortete: „Der Besucher wandert staunend durch das Haus, mal beglückt, mal kopfschüttelnd, nie sicher, was hinter der nächsten Tür wartet, und fühlt sich sinnlich ergriffen wie selten in einem Museum.“ „Respekt vor dem Historischen“, resümiert er.

Im Geiste Alexander von Humboldts

Nicht nur die Sanierung des Weltkulturerbes lässt die Herzen von Museologen höher schlagen, sondern auch die damit verbundene Zusammenführung der Berliner Sammlungen zu sechs Jahrtausenden Menschheitsentwicklung. Die Häuser der Museumsinsel erfahren im Humboldt-Forum im vor der Wiederauferstehung stehenden Berliner Stadtschloss eine beträchtliche Erweiterung. Ab 2019 sollen hier das Museum für Asiatische Kunst und das Ethnologische Museum ihren Sitz haben, die bislang in Dahlem beheimatet waren.

Das Berliner Stadtschloss bildete einst den Mittelpunkt des preußischen Berlins. Die umliegenden Straßen, Paläste und Wohnhäuser waren auf den Bau bezogen. „Das Schloss lag nicht in Berlin – Berlin war das Schloss“, schrieb der Publizist Wolf Jobst Siedler in einem Essay. Doch Walter Ulbricht ließ das im Krieg beschädigte Symbol preußischen Staatswesens 1950 sprengen – trotz großer Proteste aus West und Ost. In den 1970er-Jahren entstand hier der Palast der Republik, vom Volk aufgrund der über 1000 Lichter im Foyer auch schnoddrig „Erichs Lampenladen“ genannt. Der Abriss des mit Asbest verseuchten Baus nach der Wende war höchst umstritten.

Beim Wiederaufbau des Schlosses haben sich schließlich die Verfechter der originalen Rekonstruktion weitgehend durchgesetzt: Die Pläne des italienischen

Grillen im Monbijou-Park – im Hintergrund ragt die Kuppel der Synagoge in der Oranienburger Straße auf

Architekten Franco Stella sehen drei Fassaden nach historischem Vorbild vor und den originalgetreuen Wiederaufbau des barocken Schlüter-Hofes. Die Mehrkosten der Schmuckfassaden wollen die Anhänger der Historisierung tragen – aus Spenden, wie einst beim Wiederaufbau der Dresdener Frauenkirche. So kann man nun selbst „Schlossherr" werden, angefangen bei einem „Teilbaustein" für 50 Euro bis hin zu einem „Bogenarchitrav" für eindrucksvollere 78 300 Euro.

Ein Hauch von Orient

Dank des Millionenbetrages eines anonymen Großspenders wird das Schloss auch wieder eine Kuppel haben. Gäbe es einen Wettbewerb um die schönste Kuppel im historischen Zentrum, würden die meisten jedoch vermutlich für die Neue Synagoge in der Oranienburger Straße stimmen, ein weithin sichtbares, golden leuchtendes Wahrzeichen. Zur Zeit seiner Fertigstellung 1866 bildete dieses jüdische Gotteshaus eine beeindruckende Demonstration des Selbstbewusstseins der seinerzeit blühenden Gemeinde.

Eduard Knoblauch und Friedrich August Stüler hatten die Synagoge im maurischen Stil nach dem Vorbild der Alhambra geplant – mit orientalischen

Special

Stadt der Galerien

Welthauptstadt der Kunst

Der chinesische Künstler Ai Weiwei lebt inzwischen in Berlin. Olafur Eliasson ist hier Mitglied der Akademie der Künste. Auch Fotograf und Turner-Preisträger Wolfgang Tillmans arbeitet in der Stadt. Nur drei Namen aus der Berliner Kunstszene – insgesamt sollen hier mehr als 20 000 Künstler leben. Innerhalb weniger Jahre hat sich die Metropole zu einer Kunsthauptstadt entwickelt.

Galerie Eigen + Art in der Auguststraße

Im Stadtteil Mitte fing alles an: Im Areal zwischen August- und Linienstraße standen nach der Wende viele Räume leer, die Mieten waren günstig – ideale Voraussetzungen für Ateliers und Galerien. Heute strömen Kunstliebhaber nach Berlin, um einige der rund 350 Galerien zu besuchen. Und um einzukaufen: „Viele kommen ganz gezielt oder auf Einladung und sind gut vorinformiert", sagt Galerist Andreas Wiesner. „Vor allem Amerikaner kaufen dann gerne spontan."
Inzwischen präsentieren auch viele Privatsammler ihre Schätze öffentlich, zum Beispiel Wella-Erbe Thomas Olbricht in dem von ihm geschaffenen „me collectors room". Heiner Bastian, einst als Berater von Erich Marx und dessen Sammlung im Hamburger Bahnhof tätig, hat sich sogar ein eigenes Ausstellungsgebäude von David Chipperfield bauen lassen – in bester Lage mit Blick auf die Museumsinsel.

Die Hackeschen Höfe sind eine Welt für sich. Sie zählen zu den schönen Innenhöfen des Scheunenviertels (oben links, oben rechts und unten rechts)

Im Haus Schwarzenberg ist noch ein Hauch von Hausbesetzerszene der Nachwendezeiten zu spüren – mit scheinbarer Anarchie und den hochkommerziellen Hackeschen Höfen als Nachbar

Blick über die Spree auf Berliner Dom und das Nikolaiviertel, mittelalterliches Flair made in DDR

Das Rote Rathaus am Alexanderplatz, der nach den Zerstörungen des Zweiten Weltkriegs nach den Vorgaben einer sozialistischen Stadtplanung neu gestaltet wurde

Die Nikolaikirche wurde für die 750-Jahr-Feier Berlins nach alten Unterlagen mit neuen Turmhelmen wiederaufgebaut

Ausblick vom Hotel „Park Inn“: Hier liegt einem die Mitte Berlins zu Füßen: Fernsehturm, Alexanderplatz, Rotes Rathaus und Marienkirche

An der Südspitze der Spreeinsel, gleich gegenüber dem Nikolaiviertel, stand wohl im 12. Jahrhundert die Wiege Berlins.

Motiven als Hinweis auf die Herkunft der Juden. Kaiser Wilhelm I. höchstpersönlich besichtigte den Rohbau, und der damalige Ministerpräsident Otto von Bismarck wohnte der Einweihung bei. Die Vossische Zeitung beschrieb das Interieur als einen „zu einem harmonischen Ganzen sich verschlingenden Arabeskenkranz von feenhafter, überirdischer Wirkung.“

Seit dem Mittelalter hatten Juden in Berlin gelebt, sie wurden jedoch immer wieder verfolgt und vertrieben, 1573 sogar „für alle Ewigkeit“. Doch rund 100 Jahre später erhielten 50 Familien gegen Zahlung einer jährlichen Gebühr einen Schutzbrief des Kurfürsten. Sie bildeten die Basis der bis heute bestehenden Gemeinde. Doch erst Anfang des 19. Jahrhunderts wurden ihnen großzügigere Bürgerrechte gewährt.

Wachsende Gemeinde

Nur das mutige Eingreifen eines Polizisten verhinderte, dass die Neue Synagoge in der Reichspogromnacht am 9. November 1938 in Flammen aufging. 1943 wurde der Bau von Bomben zerstört, zu DDR-Zeiten der Hauptraum abgerissen. Erst kurz vor der Wende begann man mit dem Wiederaufbau. Jüdisches Leben führte nach dem Krieg zunächst nur noch ein Schattendasein – von 160 000 Juden vor der Machtübernahme der Nationalsozialisten lebten nur noch 8000 in der Stadt.

Heute ist das Interesse an der jüdischen Vergangenheit im sogenannten Scheunenviertel größer denn je. Nicht alle Spuren zeigen sich auf den ersten Blick. Die Alte Synagoge beispielsweise, an die nur noch eine Gedenktafel erinnert, die Wirkungsstätten von Moses Mendelssohn, Mitte des 18. Jahrhunderts ein Vorreiter der jüdischen Aufklärung, oder das Wohnhaus von Regina Jonas, 1935 die weltweit erste Rabbinerin – sie wurde in Auschwitz ermordet.

Wenn man durch die schmalen Straßen des Viertels schlendert, sieht man Männer mit Kippa, hört hin und wieder hebräische Sprachfetzen, kann koscher essen gehen. Die Religionsgemeinschaft ist wieder auf mehr als 40 000 Mitglieder gewachsen, überwiegend durch den Zustrom russischer Juden. Das American Jewish Committee bezeichnet Berlin sogar als die „am schnellsten wachsende jüdische Gemeinde der Welt“. Dazu kamen in den vergangenen Jahren mehrere Tausend junge Israelis – oft aus der Enkelgeneration der Auswanderer der 1930er-Jahre –, die sich vom weltoffenen, hippen Image der Hauptstadt anlocken ließen. Und von der Neugier auf die Heimat der Vorfahren.

BAUSTELLE BERLIN

Alt oder neu? Das ist hier die Frage

Berlin galt nach der Wende lange als die größte Baustelle Europas. Auch heute drehen sich noch überall die Kräne. Bei den großen Neubauten stellt sich die Frage, wagt man sich an Neues oder orientiert man sich an Bewährtem?

Berlin ist zur Spielwiese internationaler Stararchitekten geworden, die im Zentrum der Millionenstadt riesige Freiflächen gestalten konnten. Sie haben Prestigebauten ersonnen, die Besucher aus aller Welt anziehen, in der Stadt selbst aber auch für Diskussionen sorgen.

Beispiele für zukunftweisendes Bauen sind das Jüdische Museum von Daniel Libeskind, die Reichstagskuppel von Sir Norman Foster und das Neue Kranzler Eck von Helmut Jahn. Eine Liste, die sich locker fortsetzen ließe – doch an erster Stelle muss man den Potsdamer Platz nennen. Er ist das Prunkstück der Stadtplaner, denn beim ihm handelt es sich nicht nur um einen „Platz", wie der Name glauben machen möchte, sondern hier ist eine Stadt in der Stadt entstanden. Schon als an der damals größten Baustelle Europas noch gearbeitet wurde, strömten die Schaulustigen in Massen. Zum Richtfest der ersten beiden Gebäude am Potsdamer Platz ließ der Dirigent Daniel Barenboim beim „Ballett der Kräne" die stählernen Riesen nach der Musik von Beethovens 9. Sinfonie „tanzen". Anfangs wirkte der Potsdamer Platz noch ein wenig wie ein Fremdkörper, wie ein Raumschiff, unerwartet im märkischen Sand gelandet. Doch erstaunlich schnell verzahnte sich dieses Feuerwerk der architektonischen Ideen mit der Umgebung. Wer kann sich heute noch daran erinnern, wie das gesamte Areal zu Mauerzeiten im Todesstreifen lag, wie aus der Brache „Sony Center" und „Daimler City" wuchsen? Wie gelungen die Mischung aus Büros, Wohnungen, Geschäften, Restaurants, Hotels und Kinos ist, sieht man jeden Abend, wenn auch nach Büroschluss das Leben in den Straßen zwischen den ultramodernen Hochhäusern nicht erstirbt.

Das Stadtschloss kommt zurück

Beim neusten Großprojekt im Zentrum der Stadt geht man genau den gegenteiligen Weg. Wo zu DDR-Zeiten der Palast der Republik stand, entsteht wieder das barocke Stadtschloss. Im Zweiten Weltkrieg stark beschädigt, wurde es 1950 von den kommunistischen Machthabern auch als Symbol einer untergegangenen Epoche gesprengt. Drei Seiten des Baus imitieren das Stadtschloss fast völlig, die vierte, zur Spree hin gewandte, entsteht als Neuschöpfung. Doch der Name „Stadtschloss" wird nicht wiederaufleben, beim neuen Gebäude ist vom „Humboldt-Forum im Berliner Schloss" die Rede, auch um seine Nutzung als ein Zentrum für Wissenschaft und Kultur zu unterstreichen.

Das Rückwärtsgewandte des Wiederaufbaus und der mangelnde Willen, wirklich Neues zu schaffen, wurde von vielen Architekten gerügt. Aber kann man es den Berlinern wirklich übel nehmen, wenn sie sich von den rasanten Veränderungen in ihrer Stadt überfordert fühlen und sich traditionelle und damit vorstellbare Lösungen wünschen?

Der Neubau des Jüdisches Museum in Kreuzberg soll mit seinen zackigen Fassaden einen geborstenen Davidstern symbolisieren (oben). Der Potsdamer Platz steht für Berlins neue Zeit: Potsdamer und Alte Potsdamer Straße mit Forum Tower, Kollhoff-Tower und Bahntower(unten)

Paul-Löbe-Haus im Regierungsviertel (oben). Lichtshow zur deutschen Geschichte im Regierungsviertel (linke Seite)

Informationen

Fast jeder Anbieter von Stadtrundfahrten und Stadtrundgängen in Berlin hat auch Architekturtouren im Programm. Zwei Veranstalter sind ausgeprägte Spezialisten, die für Gruppen mit Architekturinteresse maßgeschneiderte Angebote basteln:

Panorama B, Zinnowweg 6, 14163 Berlin,
Tel. 030 37 00 93 84, www.panorama-b.de
Ticket B, Frankfurter Tor 1, 10243 Berlin,
Tel. 030 420 26 96 20, www.ticket-b.de

Maßstab 1:20.000
400m
Mitte
(Bez.MITTE)
Tiergarten
(Bez.MITTE)
Kreuzberg
(Bez. FR-KR)
Kreuzberg
(Bez.FR-KR)
Hauptbahnhof
Friedrichstr.
Alexanderpl.
Hackescher Markt
Potsdamer Pl.
Brandenb. Tor
Anhalter Bhf.
Gleisdreieck
Mendelss.-Barth.-Park
Kurfürstenstr.
Bülowstr.
Yorckstr.
Yorckstr. Großgörschenstr.
Möckernbr.
Hallesches Tor
Mehringdamm
Gneisenaustr.
Südstern
Prinzenstr.
Moritzpl.
Kochstr.
Stadtmitte
Mohrenstr.
Franz. Str.
Hausvogteipl.
Spittelmarkt
Märk.Mus.
H.-Heine-Str.
Klosterstr.
Jannowitzbr.
Weinmeisterstr.
Rosenthaler Pl.
R.-Luxemb.-Pl.
Senefelderpl.
Oranienburg. Tor
Oranienbg. Str.
Nordbf.
Naturkundemuseum
Schwartzkopffstr.
Bundestag
Logistikzentrum Nord
Museumsinsel
Spree
Landwehrkanal
Park am Gleisdreieck
Viktoriapark
Volkspark Hasenheide
Volkspark a. Weinbergsw.
Unter den Linden
Leipziger Str.
Friedrichstr.
Wilhelmstr.
Invalidenstr.
Torstr.
Oranienburger Str.
Straße des 17. Juni
Stresemannstr.
Potsdamer Str.
Gitschiner Str.
Skalitzer Str.
Tempelhofer Ufer
Hallesches Ufer
Reichpietschufer
Yorckstr.
Gneisenaustr.
Urbanstr.
Mehringdamm
Blücherstr.
Alexanderstr.
Karl-Liebknecht-Str.
Charité Campus Mitte
Kliniken des Campus Charité Mitte
Humboldt-Universität
Museum für Naturkunde
Bundeskanzleramt
Haus der Kulturen der Welt
Neue Nationalgalerie
Jüdisches Museum
Topographie des Terrors
Deutsches Technikmuseum
Bundesrat
Fernsehturm
1
2
3
4
5
6
7
8
9
10
11
12
13
14
15
17
18
19
20
21

Die Mitte rund um die Spreeinsel

Berlin hat viele „Stadtzentren", die Keimzelle der Metropole befand sich jedoch im heutigen Stadtteil Mitte. Hier kann man auf dem Boulevard Unter den Linden vom Brandenburger Tor zum Stadtschloss flanieren, sich die Sammlungen auf der Museumsinsel ansehen oder auf der Friedrichstraße einkaufen gehen.

Sehenswert

Auf und an der Spreeinsel hat Berlin seinen Anfang genommen. Auf der Insel entstand im 12. Jh. Cölln, nördlich des Flusses (Alt-)Berlin. Anstelle einer mittelalterlichen Burg errichteten die brandenburgischen Kurfürsten um 1440 auf der Insel ihre Residenz. Seither war Berlin Hauptstadt – zuerst brandenburgische, später königlich-preußische und kaiserlich-deutsche.

UNTER DEN LINDEN

Das 1 **Brandenburger Tor** TOPZIEL, bedeutendstes Wahrzeichen Berlins, wurde 1788–1791 nach Entwürfen von Carl Gotthard Langhans errichtet. Von Johann Gottfried Schadow stammt die Quadriga (1793). Die Vorderseite des Tores zeigt zum Pariser Platz, an dem die französische, die amerikanische Botschaft und das **Hotel Adlon** (1907/1997) ihren Sitz haben, ebenso wie die Akademie der Künste (2005). Südl. liegt das **Holocaust-Mahnmal,** das Denkmal für die ermordeten Juden Europas mit über 2700 Betonstelen (Ebertstraße, www.holocaust-mahnmal.de; Infozentrum April–Sept. Di. bis So. 10.00–20.00, sonst bis 19.00 Uhr).
Vom Pariser Platz Richtung Osten erstreckt sich der Boulevard 2 **Unter den Linden,** die Flaniermeile des preußischen Berlin, an dem sich historische Bauten reihen: angefangen bei der **Russischen Botschaft** (bis 1953) im sozialistischen Zuckerbäckerstil über die **Staatsbibliothek** (1914) sowie die **Humboldt-Universität** im einstigen Palais des Prinzen Heinrich (1766) bis zum **Forum Fridericianum;** zu diesem Ensemble, das auf Friedrich den Großen zurückgeht, gehören die **Alte Bibliothek** (1780), die 19 **St.-Hedwigs-Kathedrale** mit ihrer prägnanten Kupferkuppel (1773) und die **Staatsoper Unter den Linden** (1743). Am Bebelplatz erinnert ein unterirdisches Mahnmal an die Bücherverbrennungen der Nazis. Friedrich II. überblickt das dortige Geschehen von seinem Reiterdenkmal aus (1851).
Das prächtige barocke 10 **Zeughaus,** überwiegend von Andreas Schlüter (1731), ist Sitz des **Deutschen Historischen Museums;** sehenswert ist der moderne Anbau (2003) von Architekt Ieoh Ming Pei. In der angrenzenden **Neuen Wache** (1818; tgl. 10.00–18.00 Uhr) von Karl Friedrich Schinkel befindet sich die Zentrale Gedenkstätte für die Opfer von Krieg und Gewaltherrschaft. Das **Kronprinzenpalais** (1663) gegenüber wird für Veranstaltungen genutzt. Der Boulevard endet an der Schlossbrücke (1824).

Das Markttor von Milet im Pergamonmuseum (links). Im Holocaust-Mahnmal (rechts oben). Berliner Dom am Schlossplatz (rechts unten)

MUSEUMSINSEL UND STADTSCHLOSS

Die 11 **Museumsinsel** TOPZIEL umfasst eines der weltweit bedeutendsten Ensembles aus Museen und Kunststätten, seit 1999 UNESCO-Weltkulturerbe. Zunächst fällt jedoch die Kuppel des **Berliner Doms** (1905) ins Auge; sehenswert sind der Hauptaltar, die Hohenzollerngruft sowie der Blick vom Kuppelumgang (Am Lustgarten, www.berlinerdom.de; April–Okt. tgl. 9.00–20.00, sonst tgl. 9.00 bis 19.00 Uhr, regelm. Führungen). Die Fassade zeigt zum **Lustgarten;** das heutige Erscheinungsbild des einstigen Küchengartens des Schlosses geht auf Schinkel zurück (um 1830). An der Nordseite liegt das klassizistische **Alte Museum,** 1830 als erster Ausstellungsbau mit 18 ionischen Säulen vom selben Baumeister errichtet. Auf einem hohen Sockel ruht die von Friedrich August Stüler im Stil eines Tempels errichtete **Alte Nationalgalerie** (1876). Stüler zeichnete auch für den Bau des **Neuen Museums** (1855) verantwortlich. Neubarock präsentiert sich das **Bodemuseum** (1904) von Ernst von Ihne.
Südlich der Karl-Liebknecht-Straße entsteht das **Berliner Stadtschloss** neu, bis 1918 Residenz der Hohenzollern und damit des letzten deutschen Kaisers Wilhelm II. Ab 2019 soll in ihm das **Humboldt-Forum** u. a. mit dem Ethnologischen Museum und dem Museum für Asiatische Kunst Platz finden; die Humboldt-Box mit Aussichtsplattform dokumentiert bis dahin dieses Vorhaben (Schlossplatz 5; tgl. 10.00–19.00 Uhr). Im neubarocken **Neuen Marstall** (1901) musizieren heute Studenten der Hochschule für Musik Hanns Eisler (Schlossplatz 7).

ALEXANDERPLATZ UND UMGEBUNG

Der 369 m hohe **Berliner Fernsehturm** (1969), mit Aussichtsplattform und Café mit weitem Blick über Berlin (Panoramastraße 1a, www.berlinerfernsehturm.de; März–Okt. tgl. 9.00 bis 24.00, sonst tgl. 10.00–24.00 Uhr), wurde zu einem Wahrzeichen Berlins. Der weitläufige 15 **Alexanderplatz** zu seinen Füßen ist ein Produkt der Zerstörungen des Zweiten Weltkriegs und der sozialistischen Städteplanung bis 1969 – aus den 1960er-Jahren stammen das Hochhaus des Hotels „Park Inn", das Kaufhaus (heute Kaufhof) und die Weltzeituhr. Jenseits der Spandauer Straße liegt das **Rote Rathaus** (Rathausstraße 15; Mo.–Fr. 9.00–18.00 Uhr), der Sitz des Regierenden Bürgermeisters. Der Neorenaissancebau wurde 1869 aus roten Ziegelsteinen fertiggestellt. Davor befinden sich der Neptunbrunnen (1891) und die Marienkirche (13. Jh.) mit wertvollem Interieur (Karl-Liebknecht-Straße 8; tgl. 10.00–18.00, im Winter bis 16.00 Uhr).

Auf den ersten Blick erinnert das **Nikolaiviertel** – Berlins einstige Keimzelle – an ein mittelalterliches Stadtviertel. Von den historischen Bauten blieb im Krieg nichts erhalten, der heutige Anziehungspunkt entstand im Zuge eines Sanierungsprogramms der DDR. Die auf das 13. Jh. zurückgehende 17 **Nikolaikirche** mit ihren Zwillingstürmen ist eine detailgetreue Kopie (Nikolaikirchplatz, www.stadtmuseum.de; tgl. 10.00–18.00 Uhr), das **Knoblauchhaus** wurde aus Originalteilen nachgebaut (Poststraße 23, heute Stadtmuseum), ebenso das Rokoko-**Ephraim-Palais** (Poststraße 16; Di. und Do.–So. 10.00–18.00, Mi. 12.00–20.00 Uhr).

Dem Berliner Dom gegenüber reihen sich die Anlegestellen verschiedener Berliner Reedereien, die kürzere oder längere **Schifffahrten** **TOPZIEL** auf der Spree anbieten.

Tipp

Buntes Kulturzentrum

Die einstige Jüdische Mädchenschule entstand 1928 im Stil der Neuen Sachlichkeit. Ein Kunstmäzen ließ den interessanten Bau sanieren. Der Sammler zeigt hier zeitgenössische Kunst, die renommierte CWC Gallery stellt Fotografie aus, und das Kennedy-Museum dokumentiert die Familiengeschichte des berühmten US-Präsidenten. Im New-York-orientierten Restaurant „Deli Mogg" sollte man ein Pastrami-Sandwich probieren.

INFORMATION

12 Ehemalige Jüdische Mädchenschule, Auguststraße 11, www.maedchenschule.org; Mogg, Tel. 030 330 06 07 70; Mo.–Fr. ab 8.00, Sa. und So. ab 10.00 Uhr

In den Galeries Lafayette (links). Orient in Berlin: Neue Synagoge (rechts oben). Kalter Krieg als Fotomotiv: Checkpoint Charlie (rechts unten)

FRIEDRICHSTRASSE & GENDARMENMARKT

In der 7 **Friedrichstraße** **TOPZIEL** blieb deutsch-deutsche Geschichte präsent, angefangen beim **Checkpoint Charlie** (umstrittenes Museum im Haus am Checkpoint Charlie, Friedrichstraße 43–45, www.mauermuseum.de; tgl. 9.00–22.00 Uhr) bis zum gläsernen Pavillon des „Tränenpalasts", dem einstigen Grenzübergang im S-Bahnhof Friedrichstraße (Reichstagsufer 17; Di.–Fr. 9.00–19.00, Sa. und So. 10.00–18.00 Uhr). Nach der Wende hat sich die Straße einen Namen als exklusive Shoppingmeile gemacht – mit den **Galeries Lafayette** (Nr. 76) und edlen Boutiquen. Kurfürst Friedrich III. ließ gegen Ende des 17. Jh. den 20 **Gendarmenmarkt** anlegen, eingefasst vom **Französischen Dom** (1705) an der Nordseite für die französischen Einwanderer der Zeit (Hugenottenmuseum derzeit wegen Renovierung geschlossen) und dem **Deutschen Dom** (1708, Ausstellung des Bundestages; Mai–Sept. Di.–So. 10.00–19.00 Uhr, sonst kürzer); die Kuppeltürme beider wurden 1785 von Carl Friedrich von Gontard hinzugefügt. Das klassizistischen **Konzerthaus** entstand bis 1821 nach Plänen Schinkels (Gendarmenmarkt 2, www.konzert haus.de).

UM DEN HACKESCHEN MARKT

Im Dreieck zwischen Friedrichstraße, Torstraße und Hackeschem Markt liegt die **Spandauer Vorstadt** mit kleinen Straßen, Kirchen und Hinterhöfen – eine der beliebtesten Gegenden zum Shoppen und Ausgehen.

Besonderer Anziehungspunkt sind die 13 **Hackeschen Höfe** mit Boutiquen, Wohnungen, Restaurants und Kultur. Wie aus der Zeit gefallen wirkt die **Sophienstraße,** eine der ältesten Straßen Berlins. Kunstinteressierte finden in der 12 **Auguststraße** zahlreiche Galerien. Teure Labels, aber auch junge Designer haben sich überall zwischen **Rosenthaler-**, **Dircksen-** und **Münzstraße** angesiedelt.

Hauptanziehungspunkt in der Oranienburger Straße ist die 9 **Neue Synagoge** (1866) mit ihrer goldenen Kuppel (Oranienburger Straße 28/30, www.centrumjudaicum.de; bis Sommer 2018 geschlossen, aktuelle Öffnungszeiten noch nicht bekannt). Ein Denkmal und historische Grabsteine erinnern an den im Dritten Reich zerstörten **Alten Jüdischen Friedhof** aus dem 17. Jh. (Große Hamburger Straße).

Museen

MUSEUMSINSEL

Das 11 **Alte Museum** beherbergt einen Teil der Antikensammlung mit Kunst der Griechen, Römer und Etrusker (Am Lustgarten, www.smb.museum; alle Museen der Museumsinsel Di.–So. 10.00–18.00, Do. 10.00–20.00 Uhr). Die **Alte Nationalgalerie** zeigt Kunst des 19. Jh. Im **Neuen Museum** sind Exponate aus dem Ägyptischen Museum, dem Museum für Vor- und Frühgeschichte sowie der Antikensammlung zu sehen; der Pergamonaltar, das Markttor von Milet und das Ischtar-Tor machen das **Pergamonmuseum** (1930) zum Publikumsliebling (abschnittsweise Sanierung bis 2025). Das **Bodemuseum** beherbergt die Skulpturensammlung, das Museum für Byzantinische Kunst, Werke aus der Gemäldegalerie (Am Kupfergraben) und das Münzkabinett.

WEITERE MUSEEN

Um Geschichte und Kultur der Stadt geht es im 16 **Märkischen Museum** (Am Köllnischen Park 5, www.stadtmuseum.de; Di.–So. 10.00 bis 18.00 Uhr). Das 17 **Knoblauchhaus** zeigt die Ausstellung „Berliner Leben im Biedermeier„ (Poststraße 23, www.stadtmuseum.de; Di.–So. 10.00–18.00 Uhr). Das 10 **Deutsche Historische Museum** präsentiert deutsche Geschichte und Wechselausstellungen (Unter den Linden 2, www.dhm.de; tgl. 10.00–18.00 Uhr). Multimedial ist das 18 **DDR-Museum** konzipiert (Karl-Liebknecht-Straße 1, www.ddr-museum.de; tgl. 10.00–20.00, Sa. 10.00 bis 22.00 Uhr).

Das 4 **Museum für Gegenwart** im ehem. Hamburger Bahnhof (um 1845) zeigt bedeutende Sammlungen zeitgenössischer Kunst

(Invalidenstraße 50, www.smb.museum; Di.–So. 10.00–18.00, Do. bis 20.00 Uhr). Das 21 **Museum für Kommunikation** setzt die Informationsgesellschaft in Szene (Leipziger Straße 16, www.mfk-berlin.de; Di. 9.00–20.00, Mi.–Fr. 9.00 bis 17.00, Sa. und So. 10.00–18.00 Uhr). Höhepunkte im 5 **Museum für Naturkunde** sind das weltweit größte montierte Skelett eines Brachiosaurus und das Skelett eines Tyrannosaurus Rex (Invalidenstraße 43, www.naturkundemuseum.berlin; Di.–Fr. 9.30–18.00, Sa. und So. 10.00–18.00 Uhr). 300 Jahre Medizingeschichte stehen im Mittelpunkt des 3 **Medizinhistorischen Museums der Charité** (Charitéplatz 1, www.bmm-charite.de; Di., Do., Fr. und So. 10.00–17.00, Mi. und Sa. 10.00 bis 19.00 Uhr).

Unterhaltung

Zu den prominenten Häusern in Mitte gehören die 14 **Volksbühne Berlin**, 1989 auch Bühne für den politische Umbruch in Ostdeutschland (Linienstraße 227, www.volksbuehne-berlin.de), das für seine politischen Inszenierungen bekannte 10 **Maxim-Gorki-Theater** (Am Festungsgraben 2, www.gorki.de), die 2 **Komische Oper** (Behrenstraße 55, www.komische-oper-berlin.de) und das dank Brecht renommierte 6 **Berliner Ensemble** (Bertholt-Brecht-Platz 1, www.berliner-ensemble.de). Große Shows bietet der 7 **Friedrichstadtpalast** (Friedrichstraße 107, www.palast.berlin), Comedy, Theater und Chanson der 8 **Admiralspalast** (Friedrichstraße 101, www.admiralspalast.de), Varieté und Kabarett das 13 **Chamäleon** (www.chamaeleonberlin.com).

Hotels & Restaurants

HOTELS

Das €€€€/€ **Arte Luise Kunsthotel** in einem klassizistischen Stadtpalais von 1825 hat sich seine Zimmer von 50 Künstlern individuell gestalten lassen (Luisenstraße 19, 10117 Berlin, Tel. 030 28 44 80, www.luise-berlin.com). Das Boutique-Hotel €€€/€€ **Honigmond** bietet gemütliche Zimmer mit Altbau-Charme (Tieckstraße 11 und Invalidenstraße 122, 10115 Berlin, Tel. 030 284 45 50, www.honigmond.de). Den Komfort eines klassischen Stadthotels findet man im €€ **Hotel Adelante** (Borsigstraße 1, 10115 Berlin, Tel. 030 20 09 50 60, www.hotel-adelante.de).

RESTAURANTS

Alpenländische und süddeutsche Küche prägen die Karte im €€€ **Restaurant Alpenstück** (Gartenstraße 9, Tel. 030 21 75 16 46, www.alpenstueck.de). Originelle italienische Rezepte serviert der €€ **Mädchenitaliener** in gemütlicher Wohnzimmeratmosphäre (Alte Schönhauser Straße 12, Tel. 030 40 04 17 87). Nach dem Essen (Pizza, Schnitzel und andere Klassiker) wird in €€/€ **Clärchens Ballhaus** traditionell getanzt (Auguststraße 24, Tel. 030 282 92 95, www.ballhaus.de).

Genießen   Erleben   Erfahren

DuMont Aktiv

Rallye mit Rätseln

Hier ist Forschergeist gefragt: Bei einer Stadtrallye durch Berlins Mitte kämpfen mehrere Teams um den ersten Platz. Rund 20 Aufgaben und Rätsel sind auf dem Weg zu lösen – durch wissen, raten, fragen oder googlen.

Die Rallye beginnt gemächlich: Das Betreuungsteam erwartet die Stadtforscher mit Prosecco, Saft und Snacks. „Nehmen Sie sich ein paar Schokoriegel mit, sie könnten unterwegs hilfreich zur Bestechung sein", lautet ein Ratschlag – für einen Tausch gegen wertvolle Informationen. Rund 25 Aufgaben und Rätsel stehen in dem Tour-Booklet, das jedes Team zusammen mit einem Stadtplan auf den Weg bekommt.

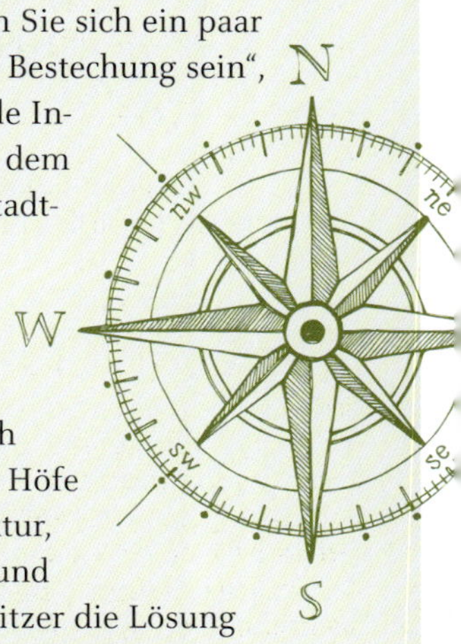

Dann läuft die Zeit: Es geht über die Museumsinsel, durch die Spandauer Vorstadt, vorbei an vielen Galerien und jüdischen Einrichtungen, durch diverse Hinterhöfe – bekannte und weniger bekannte Höfe und Geheimtipps. Beim Lösen der Rätsel aus Architektur, Geschichte und Kultur sind Spontaneität, Kreativität und Kontaktfreude hilfreich: Vielleicht weiß ein Ladenbesitzer die Lösung oder der Wachschutz an der nächsten Ecke? Steht sie vielleicht auf einem Schild oder einem versteckten Denkmal? Oder doch lieber googlen mit dem Smartphone?

Am Ende gewinnt nicht das Team, das am schnellsten den geheimen Zielort erreicht, sondern die Gruppe mit den meisten richtig gelösten Rätseln innerhalb der vorgegebenen Zeit. Die Sieger werden mit einer Überraschung belohnt, die ersten drei Teams dürfen eine Urkunde mit nach Hause nehmen. Doch die größte Belohnung ist schließlich der Spaß beim Suchen – und das gewonnene Hintergrundwissen.

Informationen

Die **Offene Rallye** für Einzelpersonen, Paare und kleine Gruppen wird von Mai bis Sept. Sa. um 15.00 Uhr angeboten, dauert circa drei Std. und beginnt am Berliner Dom.
Es gibt weitere Rallye-Themen, beispielsweise die Berliner-Mauer-Rallye und die Rallye Marlene Dietrich & Die Goldenen 20er.
Informationen und Buchung bei Berlin-Rallye, Silvia Maria Ryrko, Riemannstraße 7, 10961 Berlin, Tel. 030 32 59 26 16, www.berlin-rallye.com
Voranmeldungen sind erforderlich.

Chopard
MCM

Vergessen und wiederentdeckt

Zur City West gehören die Stadtteile Charlottenburg-Wilmersdorf, Schöneberg und Tiergarten. Vor der Wende lag hier – vor allem in dem Gebiet rund um den Bahnhof Zoo – das gefühlte Zentrum Westberlins. Nach dem Fall der Mauer wandte sich das Interesse überwiegend dem Ostteil der Stadt zu – jetzt ist der Westen aber wieder stark im Kommen.

Berlins Kurfürstendamm ist seit eh und je ein Shoppingparadies

Das Kaufhaus des Westens ist eine Berliner Institution. Aus- und Umbauten, Großbrände und diverse Besitzerwechsel konnten dem 1907 eröffneten bekanntesten Warenhaus Deutschlands nichts Ernsthaftes anhaben (rechts). Was gibt es Lässigeres, als seinen Sundowner in der Dachbar des Bikini-Hauses zu nehmen? (links)

Größte Attraktion des Kaufhauses des Westens ist die bereits in den 1920er-Jahren eingerichtete Feinkostabteilung. Die „Feinschmeckeretage" gilt seit ihrer Erweiterung 1978 weltweit als zweitgrößte Lebensmittelabteilung eines Warenhauses

Das legendäre „Café Kranzler" gehört der Vergangenheit an. Die Welt am Kurfürstendamm gehört dem „Neuen Kranzler Eck"

Die Kaiser-Wilhelm-Gedächtniskirche auf dem Breitscheidplatz ist alt-neues Mahnmal und Gotteshaus zugleich

„Unaussprechlich scheint der Berliner Luxus. Und er beginnt schon auf dem Asphalt. Denn die Breite der Bürgersteige ist fürstlich ..."

Walter Benjamin über das Vorkriegsberlin

Seit der Wiedervereinigung 1990 ist Berlin keine geteilte Stadt mehr. Trotzdem gibt es ihn noch, den „alten Westen" und den Westberliner, oder, grammatikalisch falsch, aber weltanschaulich korrekt, den West-Berliner. Mit einem Bindestrich, der die Trennung symbolisierte, schrieb man nämlich vor der Wende im Westen den Namen seiner Stadt. Westberlin, so lautete die Schreibweise im offiziellen DDR-Jargon und beim Duden in Mannheim. Der legte, politisch neutral, allein auf die richtige Schreibung wert.

Das prägende Lebensgefühl für viele Westberliner war die Inselmentalität, man sah sich als Insel im „roten Meer des Kommunismus" und bezeichnete sich selbst als „Insulaner". Als solcher verlor man auch in Krisensituationen nicht den Kopf. Und so hieß es in einem Berliner Gassenhauer, der zur Zeit der Luftbrücke populär war, treffend: „Der Insulaner verliert die Ruhe nicht", und das Lied endete mit prophetischem Optimismus mit der Zeile: „Der Insulaner hofft unbeirrt, dass seine Insel wieder schönes Festland wird." Dieser Gleichmut, der in dem Lied beschrieben wird, zeichnet auch heute noch den Berliner und insbesondere den Westberliner aus. Die Zeit der Teilung prägt die Menschen hier bis heute.

Beim „Diener" auf 'ne Molle

Wer sich im Westen der Stadt auf die Spurensuche machen will, fängt am Besten in der Gegend rund um den Savignyplatz im Herzen Charlottenburgs an. In der „Paris Bar", dem „Zwiebelfisch" oder dem „Diener" trafen und treffen sich die Urgesteine Westberliner Kultur. Im „Diener", 1954 vom Boxchampion Franz Diener eröffnet, hängen die Fotos der Prominenten an der Wand, die hier Eisbein aßen oder sich 'ne Molle bestellten, wie der Berliner zu einem großen Bier sagt.

George Grosz und Hans Albers waren hier Stammgäste, Helmut Newton und der große Otto Sander. Die Liste ließe sich fortsetzen, zu den aktuellen Gästen wahrt man im „Diener" Stillschweigen. „Lokalen Datenschutz" nennt man das. Der Sänger Max Raabe wird aber so oft hier gesehen, dass das wahrlich kein Geheimnis ist. Das „Diener" ist auch deswegen typisch Westberlin, weil es trotz aller Stars, die hier verkehren, immer eine Nachbarschaftskneipe geblieben ist. „Der Insulaner liebt keen Getue nicht", heißt es im Lied über die Berliner. Starrummel gibt es hier nicht, weswegen Berlin ein schlechtes Pflaster für C-Promis ist, die nach Aufmerksamkeit lechzen, dafür der perfekte Ort für A-Promis, die ihre Ruhe haben wollen.

Forum Tower, Kollhoff-Tower und Bahntower am Potsdamer Platz

Das Sony-Center am Potsdamer Platz ist ein kunterbunter Repräsentant einer neuen Einkaufswelt

Der Potsdamer Platz, Bindeglied zwischen alter Mitte und dem wiederaufgelebten Westen ist das Aushängeschild des neuen Berlins.

Comeback des Westens

Mit dem Mauerfall wurden die Berliner Insulaner, so wie sie es sich erträumt hatten, wieder zu Festlandbewohnern. Für Charlottenburg und die Nachbarbezirke Wilmersdorf und Schöneberg begann aber zunächst einmal eine Talfahrt. Die City West war plötzlich „out". Der Berliner Bär steppte jetzt in Prenzlauer Berg und Mitte. Der Osten war angesagt. Im Wochenrhythmus eröffneten neue Clubs, Restaurants und Galerien. Die Innenstadtbezirke des Ostens erschienen den Kreativen wie ein Paradies – alles schien dort möglich.

Auf dem Ku'damm wollte niemand mehr einkaufen, wo es sich doch in der Kastanienallee durch neue und hippe Läden bummeln ließ. Warum am „Stutti", dem Stuttgarter Platz in Charlottenburg, sein Bierchen trinken, wenn man am Kollwitzplatz im Prenzlauer Berg doch viel lässiger einen Cocktail schlürfen konnte?

Inzwischen hat sich der Osthype etwas gelegt, und der alte Westen erobert sich Schritt für Schritt verlorenes Terrain zurück. In der Nähe des Bahnhof Zoo hat die Hotelkette Waldorf Astoria ein mondänes Megahotel aus dem Boden gestampft, und aus dem Bikini-Haus, ursprünglich ein Industrie- und Bürogebäude, ist eine exklusive Mall geworden. Im Hochhaus dahinter zog nach der Renovierung das „25hours" ein – das etwas andere Hotel, in dem der Gast wählen kann, ob er in einem Bett mit Blick auf den Zoo oder die Kaiser-Wilhelm-Gedächtniskirche aufwachen will. Der Spitzname Bikini-Haus, den die Hauptstädter dem Gebäude schon kurz nach seiner Eröffnung Mitte der 1950er-Jahre verpasst haben, verweist auf den speziellen Berliner Humor: Ursprünglich wurde in dem Gebäude Damenoberbekleidung produziert.

Wilmersdorfer Witwen im Roten Block

Wilmersdorf ist vor allem durch seine Witwen bekannt. Die spielen in dem Musical „Linie 1" eine zentrale Rolle, wo sie das Klischee für die Stadtteile im Westen Berlins verkörpern: vermögend und konservativ. Das Bild ist zwar etwas überzogen, einen Funken Wahrheit enthält es aber doch. Die konservativen Parteien dürfen sich in Wilmersdorf regelmäßig über besonders großen Zuspruch freuen, und statistisch gesehen hat der Stadtteil tatsächlich berlinweit den höchsten Anteil alleinstehender Frauen im Pensionsalter.

Das war nicht immer so. Zu Zeiten der Weimarer Republik galt Wilmersdorf als politisch links und war die Heimat unangepasster Künstler. Erich Kästner, Bert

Das „Waldorf Astoria Berlin" am Kurfürstendamm gehört zu den besten Unterkünften der Hauptstadt

Bis 1968 errichtete Ludwig Mies van der Rohe die Neue Nationalgalerie. Im Hintergrund steht die Matthäuskirche, ein bis 1846 errichteter Ziegelbau von Friedrich August Stüler

Das Haus der Kulturen der Welt ist seit 1989 in der ehemaligen Kongresshalle beheimatet, ein für die architektonische Moderne beispielhafter Bau

In der Mall of Berlin am Potsdamer Platz: Das Logo LP12 des Einkaufszentrums bezieht sich auf die Postanschrift Leipziger Platz Nummer 12

Das Kulturforum mit der Neuen Nationalgalerie und der Philharmonie war in den 1960er-Jahren als neues kulturelles Zentrum Berlins geplant.

Brecht, Helene Weigel, George Grosz, Anna Seghers, Erich Maria Remarque, Max Pechstein und viele andere lebten hier. Rund um den damaligen Laubenheimer Platz – heute Ludwig-Barnay-Platz genannt – entwickelte sich eine Künstlerkolonie, die im Volksmund erst als Hungerburg und dann als Roter Block bekannt war. Nach dem Reichstagsbrand sah die SA ihre Chance gekommen, riegelte das Gebiet ab, drang meist mit Gewalt in die Wohnungen ein und verhaftete viele der „linken" Künstler.

Im Zweiten Weltkrieg wurde Wilmersdorf stark zerstört, hier wurden im April 1945 bei der Schlacht um Berlin besonders erbitterte Kämpfe geführt. Und weil man in der Zeit des Wiederaufbaus mehr an Autos als an Menschen dachte, stand der Bau breiter Straßen und Parkplätze ganz oben auf der Agenda der Städteplaner. Dass man dabei gewachsene Wohngebiete mit autobahnähnlichen Traversen durchschnitt, spielte keine Rolle.

Erst in jüngerer Vergangenheit macht man sich daran, die Sünden der Vergangenheit zu heilen und die Wilmersdorfer Plätze attraktiver zu gestalten. Besonders gut ist das beim Rüdesheimer Platz gelungen, der unlängst von der „New York Times" zum schönsten Ort Berlins gekürt wurde. Ob es nicht doch noch schönere

Zwei architektonische Zeitalter: Reichstag und Paul-Löbe-Haus

gibt, darüber mag man endlos diskutieren. Immerhin war die Begründung des amerikanischen Autors stimmig. Er schrieb: „Das Ambiente dieses Platzes mit seinen Blumenbeeten, dem großen Brunnen und den unzerstörten Gründerzeitfassaden in ihrem englischen Landhausstil birgt einen geheimnisvollen Reiz."

Unbeachtet blieb ein originelles Detail. Nämlich das Telefonhäuschen vom Typ TelH78, das zu einer Leihbibliothek umgestaltet wurde. Wer mag, legt seine gelesenen Bücher hier ab und nimmt im Gegenzug ein anderes Buch mit. Im Sommer ist der Platz aber ohnehin einer der Lieblinge der Westberliner. Dann findet hier nämlich ein geschätztes Weinfest statt – seit 1967 schenken hier die Winzer aus dem Rheingau ihre feinen Tropfen aus.

Feiern unter der Regenbogenfahne

Schöneberg hat viele Facetten. Aber für eine und wohl seine schillerndste ist der Stadtteil in ganz Berlin und darüber hinaus vor allem bekannt. Der Kiez rund um den Nollendorfplatz ist nämlich das Zentrum für das Berlin unter der Regenbogenfahne. Lesben und Schwule finden hier nicht nur viele Kneipen und Bars, in denen Szenepublikum verkehrt, Schöneberg ist bei ihnen auch als Wohnort

Special

Der Reichstag

Prima Aussicht!

Heute gehört der Reichstag zu den meistbesuchten Sehenswürdigkeiten Berlins. Dabei lag der von 1884 bis 1894 errichtete, im Zweiten Weltkrieg stark beschädigte Bau bis zur Wende nicht nur geografisch im Abseits.

Nach dem Krieg wurde der Reichstag nur notdürftig instand gesetzt. Da Bundestagssitzungen nach dem Viermächte-Abkommen ohnehin nicht in Berlin abgehalten werden durften, sparte man das Geld für die Renovierung. Lediglich Fraktions- und Ausschusssitzungen fanden hin und wieder hier statt. Nach dem Mauerfall trat am 4. Oktober 1990 das gesamtdeutsche Parlament im Reichstag zu einer Sitzung zusammen. Doch das war eher ein symbolischer Akt, an eine dauerhafte Verlagerung des Bundestages nach Berlin dachte man damals noch nicht.

Der märchenhafte Aufstieg des Reichstagsgebäudes zu einer der größten Attraktionen der Hauptstadt begann im Sommer 1995. Christo und Jeanne-Claude hüllten das gesamte Gebäude in silbrig-glänzenden Stoff. Die Neugierigen kamen in Scharen, um das Riesenkunstwerk zu bestaunen und auf der Wiese vor dem Reichstag zu feiern. Danach war Sir Norman Foster an der Reihe. Der britische Architekt hatte mit seiner Kuppelidee den Wettbewerb um die Neugestaltung des Reichstages gewonnen. So manchem mag das Herz geblutet haben, als das Reichstagsgebäude entkernt wurde, um Platz für die neuen Ideen zu schaffen. Doch diese Konsequenz hat sich bezahlt gemacht. Die gläserne Reichstagskuppel ist heute eines der Wahrzeichen der Hauptstadt.

Der Deutsche Bundestag eröffnete am 19. April 1999 das umgebaute Reichstagsgebäude mit einer feierlichen Sitzung, und im September desselben Jahres verlegte der Deutsche Bundestag seinen Sitz endgültig nach Berlin.

Das Bundeskanzleramt, seinerzeit noch von Bundeskanzler Helmut Kohl in Auftrag gegeben

Aus der gläsernen Kuppel des Reichstags bietet sich ein hervorragender Blick auf das Regierungsviertel

Dem Kanzleramt gegenüber steht der neue Berliner Hauptbahnhof, Zentrum des Verkehrskonzepts der Hauptstadt

Die Siegessäule wurde 1871 als Denkmal für die siegreichen Kriege Preußens gegen Dänemark, Österreich und Frankreich aufgestellt. Wer zur goldenen Siegesgöttin hinaufsteigt, überblickt halb Berlin

Der Tiergarten ist eine Oase der Ruhe mitten in der trubeligen City – ideal für einen Spaziergang oder einen kleinen Fitnesslauf (links und Mitte rechts)

Bootfahren auf dem Neuen See im Tiergarten

Der Tiergarten ist die älteste und größte öffentliche Grünanlage Berlins. Nach ihr ist ein ganzer Stadtteil benannt.

Rundum Trubel und hektische Geschäftigkeit, im Tiergarten aber kann man die Seele baumeln lassen

Im Hintergrund das Marie-Elisabeth-Lüders-Haus: Sonnenbad im „Capital Beach“ an der Spree

Der Berliner Trödelmarkt auf der Straße des 17. Juni ist samstags und sonntags einer der größten Flohmärkte Berlins

Charlottenburg in seinem weitläufigen Park gilt als schönstes der Berliner Schlösser

Hier spielte von 1949 bis 1991 politisch die Berliner Musik:
Bezirksrathaus Schöneberg

Über 50 Jahre her und dennoch unvergessen in Schöneberg und in ganz Berlin ist Kennedys Ausspruch: „Ich bin ein Berliner!"

gefragt. Nur logisch, dass das alljährliche Lesbisch-Schwule-Stadtfest, das auch auf dem Festivalkalender vieler heterosexueller Partyfreunde weit oben steht, in der Schöneberger Motzstraße stattfindet. Mehrere Hunderttausend Besucher zieht es jeden Juli hierher. Zum Auftakt wird vor dem Bezirksrathaus die fröhliche Regenbogenfahne gehisst. Als das vor 20 Jahren das erste Mal geschah, sorgte das in konservativen Kreisen für immense Aufregung. Der ehemalige Bundeswehrgeneral und damalige CDU-Innensenator Jörg Schönbohm versuchte das Aufziehen der Fahne sogar per Dienstanweisung zu verbieten. Vergeblich, der „Skandal" nahm seinen Lauf.

Schöneberg hat aber schon viel früher für politische Schlagzeilen gesorgt. Zur Zeit der Mauer war Schöneberg quasi die „Hauptstadt" West-Berlins. Denn das dortige Rathaus diente als Amtssitz des Regierenden Bürgermeisters, hier tagte das West-Berliner Abgeordnetenhaus, und auf dem Platz vor dem Rathaus hielt der damalige amerikanische Präsident John F. Kennedy 1963 seine legendäre Rede, in der er sich als Berliner „outete" und mit der eingeschlossenen Stadt solidarisierte. Bei Touristengruppen aus den USA steht die „Schoeneberg Town Hall" deswegen bis zum heutigen Tag auf der „Must-See-List" eines Berlinbesuchs.

FILMSTADT BERLIN

Hollywood an der Spree

Nicht nur deutsche Produzenten, sondern auch amerikanische Filmstudios reißen sich um Berlin als Drehort. Die Branche hat hier eine lange Tradition, angefangen bei der ersten kommerziellen Filmvorführung 1895 über den großen Boom der 1920er-Jahre bis hin zu Oscar-prämierten Filmen.

Mit großer Kulisse: Kino Zoo Palast und Kaiser-Wilhelm-Gedächtniskirche

Berliner sind filmverrückt: Sie pilgern regelmäßig in die mehr als 100 Kinos der Stadt. Sie versammeln sich sonntagabends in Kneipen zum Tatort-Public-Viewing. Sie treffen sich in einem Kreuzberger Club, um beim „Filmtablequiz" knifflige Wissensfragen zu lösen – und sorgen während der Berlinale, dem größten Publikumsfestival der Welt, für lange Warteschlangen und ausverkaufte Säle.

Mehr als 300 Filme entstehen jedes Jahr in der Hauptstadtregion, zu der auch die Babelsberger Filmstudios gehören. Über 1800 Filmunternehmen machen einen Jahresumsatz von rund 900 Millionen Euro, dazu kommen rund 2000 Fernsehfirmen. In ihrem Gefolge haben sich viele Dienstleister für Technik und Dekorationsbau, Synchronisation, Spezialeffekte, Kostüm und Casting angesiedelt.

Gefragt sind auch die Location Scouts, die jeden Winkel der Stadt und des Umlands nach besonders authentischen, ausgefallenen oder heruntergekommenen Winkeln durchsuchen. Was darf es sein: Historische Bauten? Dann passt der Gendarmenmarkt. Das Flair der DDR-Zeit? Dafür ist die Karl-Marx-Allee ideal. Eine düstere Mondlandschaft? Die lässt sich an den Abraumhalden des Lausitzer Braunkohletagebaus realisieren.

Nicht immer „spielt" die Stadt sich selbst: Mancher Platz musste schon, durch Kulissen verändert oder digital nachbearbeitet, für London oder Moskau herhalten. Sogar der Nahe Osten lag einmal an der Spree: Die fünfte Staffel der US-Fernsehserie „Homeland" wurde an über 100 Standorten in Berlin und Brandenburg gedreht. Für Spott sorgte der Coup dreier Graffiti-Künstler, die mit arabischen Schriftzeichen für Lokalkolorit sorgen sollten und dabei unbemerkt Kritik an der Serie hineinschmuggelten.

Beim Bummel durch Berlin stößt man unweigerlich auf Produktionsteams bei der Arbeit – oder auf aus Film und Fernsehen bekannte Gesichter: Tom Tykwer in seinem Kiez im Prenzlauer Berg, den einen oder anderen Tatort-Kommissar in Pankow, oder Quentin Tarantino auf Kneipentour durch Kreuzberg. Tom Hanks

George Clooney auf der Premiere seines Films „Hail Caesar" anlässlich der 66. Berlinale

Kino International auf der Karl-Marx-Allee (oben).
66. Berlinale: Festivaldirektor Dieter Kosslick und Moderatorin Anke Engelke (unten)

verirrte sich sogar ins nahe gelegene Eisenhüttenstadt und schwärmte später im US-Fernsehen von den freundlichen Bewohnern der „Iron Hut City".

Der Hype um die Filmstadt hat eine lange Tradition: 1895 schlug hier die Geburtsstunde des kommerziellen Kinos, als die Brüder Max und Emil Skladanowsky im Varieté „Wintergarten" erstmals vor zahlenden Besuchern kurze Filme vorführten. Anfang des 20. Jahrhunderts nahmen die ersten Filmstudios ihre Arbeit auf. Und 1912 feierte die erste Babelsberger Produktion mit Stummfilmstar Asta Nielsen in der Hauptrolle Premiere.

Die Reihe großer Namen

Namen wie Fritz Lang, Ernst Lubitsch und Friedrich Wilhelm Murnau prägten die Goldenen Jahre des Berliner Films in den 1920ern. Aus dieser Zeit stammen Klassiker wie „Metropolis" oder „M – eine Stadt sucht einen Mörder". Auch Marlene Dietrich machte sich damals einen Namen in „Der blaue Engel" – der große Ruhm folgte später in Hollywood.

Der Exodus vieler Filmschaffender während der NS-Zeit und die Verfolgung jüdischer und oppositioneller Künstler setzten dem kreativen Output schließlich ein Ende. Über Billy Wilders Komödie „Eins, Zwei, Drei" konnte 1961 niemand mehr lachen – sie startete während des Mauerbaus. Während der Teilung brachte im Westen Arthur „Atze" Brauner unterhaltsame Produktionen wie „Es muß nicht immer Kaviar sein" ins Kino, im Osten versorgte die Deutsche Film AG, kurz DEFA, den Markt – mit politisch angepassten Streifen, aber auch einigen Perlen wie „Die Legende von Paul und Paula" oder der – lange verbotenen – „Spur der Steine". Erst nach der Wende setzte wieder ein Boom der Filmindustrie ein.

Dass Berlin als Filmstadt in den Jahren der Teilung nicht in Vergessenheit geriet, ist vor allem der Berlinale zu verdanken, die 1951 mit der Aufführung von Alfred Hitchcocks „Rebecca" Premiere feierte. Schnell stieg das Event in die Riege der „A-Festivals" auf und musste sich fortan mit Cannes und Venedig messen lassen.

Von Anfang an flanierten große Hollywood-Stars über den roten Teppich, darunter Henry Fonda, Gary Cooper und Jayne Mansfield. Daran hat sich bis heute nichts geändert: 2016 zählten George Clooney, Josh Brolin und die Coen-Brüder zu den Gästen, Meryl Streep leitete sogar die Jury. Doch trotz der Stars hat die Berlinale nie die Bodenhaftung verloren: Der Großteil der mehr als einer halben Million Karten ist frei verfügbar – zur Freude der filmverrückten Berliner.

Informationen

Im Filmhaus am Potsdamer Platz hat das **Museum für Film und Fernsehen** seinen Sitz, es zeigt u.a. den Nachlass von Marlene Dietrich (Potsdamer Straße 2, www.deutsche-kinemathek.de; Mi.–Mo. 10.00–18.00, Do. 10.00–20.00 Uhr).
Die Website Kinokompendium stellt die einzelnen **Berliner Kinos** mit ihrer Geschichte vor sowie die wichtigsten Filmfestivals (www.kinokompendium.de).
Führungen zu Drehorten bietet Filmstadt Berlin (www.filmstadt-berlin.de). Video Sightseeing verknüpft Bustouren mit passenden Filmausschnitten (www.videosightseeing.de).

Der Berliner Bär wirbt
auch für das Fimfestival
Berlinale

Maßstab 1:25.000
400 m
Charlotten-
burg
Wilmersdorf
(Bez.CH-WI)
Hansa-
viertel
Tiergarten
(Bez.MITTE)
Tier-
garten
Zoologischer
Garten
Schöneberg
(Bez.TEMPELHOF-SCHÖNEBERG)
Park
am Gleisdreieck
Messe-
gelände
Sommer-
garten

Das Herz des Westens

City West, so nennt man die Innenstadtbezirke des einstigen Westberlins samt ihrer Hauptschlagader – dem berühmten Kurfürstendamm. Nach der Vereinigung von Ost und West wirkte die In-Gegend von einst ein bisschen verstaubt. Heute aber weht wieder ein frischer Wind – spannender Neuzugänge sei Dank. Am Tiergarten, der grünen Lunge Berlins, haben Bundesregierung und Bundestag ihr Domizil.

Charlottenburg und Wilmersdorf

Charlottenburg mit Schloss und Park und den stattlichen Bauten aus der Gründerzeit gehört zu den vornehmen Wohn- und Shoppingkiezen im Westen Berlins. Das Schloss war einst Zentrum einer erst 1920 nach Berlin eingemeindeten Stadt. Auch Wilmersdorf gehört seit 1920 zu Berlin. Ins Ausgeh-Revier am Savignyplatz zieht es heute Westnostalgiker um die 50; mit bunter, quirliger Kneipenszene lockt der Stuttgarter Platz. Im südlich angrenzenden Wilmersdorf geht es dagegen beschaulicher zu. Keine Angst: Die wenigsten alten Damen sind hier so verbiestert wie die „Wilmersdorfer Witwen" im 1980er-Jahre Musical „Linie1".

Einkaufen auf dem Kurfürstendamm (links oben). Im Hotel „25hours" (links unten). Gedächtniskirche und Tauentzienstraße (rechts)

SEHENSWERT

Mit ihrem bei einem Bombenangriff 1943 zerstörten Turm ist die neuromanische 1 **Kaiser-Wilhelm-Gedächtniskirche** Berliner Wahrzeichen und Anti-Kriegsmahnmal zugleich. Als man die Ruine in den 1950er-Jahren abreißen wollte, entflammte Protest. Am Ende gab es einen Kompromiss: Die Neubauten von Architekt Egon Eiermann rahmen das kriegszerstörte Überbleibsel ein (Breitscheidplatz; tgl. 9.00–19.00 Uhr). Gleich hinter der Kirche zeigt das **Bikini Berlin,** wie man ein Industriegebäude der 1960er-Jahre in eine coole Shopping-Mall des 21. Jh. verwandeln kann. Der **Zoologische Garten,** artenreichster Zoo der Welt und Deutschlands ältester, liegt in unmittelbarer Nachbarschaft (Hardenbergplatz 8, www.zoo-berlin.de; Ende März–Ende Sept. tgl. 9.00–18.30 Uhr, sonst kürzer). Beim Einkaufsbummel im Bikini-Haus kann man die Affen im Außengehege des Zoos beobachten. Auf der anderen Seite der Gedächtniskirche beginnt der 13 **Kurfürstendamm** TOPZIEL, ein Shopping-Dorado für Edelmarken-Freunde.
15 **Schloss Charlottenburg** TOPZIEL, die immer wieder neuen Bedürfnissen angepasste einstige Sommerresidenz der preußischen Könige, ist das schönste aller Berliner Schlösser (1695–1746). Bei schönem Wetter lohnt ein Bummel durch den Park, wo die beim Volk beliebte, jung verstorbene Königin Luise 1810 in einem vom preußischen Stararchitekten Friedrich Schinkel gestalteten Mausoleum beigesetzt wurde. Bei einer Schlossführung kann man die prachtvollen Räume und die Porzellansammlung Friedrichs I. mit über 3000 fernöstlichen Preziosen bewundern (Spandauer Damm 10-22, www.spsg.de; Jan.–März Di.–So. 10.00–16.30, April–Okt. Di.–So. 10.00–17.30, Nov./Dez. Di.–So. 10.00–17.00 Uhr).
Das 12 **Messegelände** wird überragt vom **Funkturm,** der Hörfunk- und Fernsehgeschichte geschrieben hat. Ab 1926 wurden Radioprogramme und 1932 die erste Fernsehsendung der Welt von hier ausgestrahlt. Heute lockt der Turm mit Aussichtsplattform und Restaurant (Hammarskjöldplatz, www.funkturm-messeberlin.de; Di.–Fr. 14.00–22.00, Sa./So. 11.00–22.00 Uhr; Funkturm-Restaurant, Tel. 030 30 38 29 00, Di.–Fr. 18.00–23.00, Sa./So. ab 11.30 Uhr).

MUSEEN

23 Themenräume mit moderner Multimediatechnik machen in 1 **Story of Berlin** die Alltagswelt der Berliner in verschiedenen Zeiten erlebbar. Ein Atomschutzbunker aus der Zeit des Kalten Krieges sorgt für Gänsehaut (Kurfürstendamm 207, www.story-of-berlin.de; tgl. 10.00–20.00 Uhr).
Das 14 **Museum Berggruen** ist gut mit Werken von Künstlern der Klassischen Moderne bestückt (Schlossstraße 1, www.smb.museum; Di.–Fr. 10.00–18.00, Sa./So. ab 11.00 Uhr).

HOTEL UND RESTAURANT

Zum Bikini-Areal am Breitscheidplatz gehört das 1960er-Jahre-Hochhaus, in dem eines der trendigsten Hotels der Stadt residiert: das €€€ **25hours Hotel Bikini Berlin.** Aus den unkonventionell gestylten Zimmern blickt man auf die Gedächtniskirche oder in den Zoo. Einen phänomenalen Blick über den Tiergarten bietet die (kleine) Sauna. (Budapester Straße 40, 10787 Berlin; Tel. 030 120 22 12 55, www.25hours-hotels.com).

Das **€€€ NENI** residiert im gläsernen Dachgeschoss des „25hours" und bietet zu israelischen und arabischen Gerichten vor allem einen sagenhaften Ausblick über die City West; unbedingt reservieren. Auf der gleichen Etage lockt auch die coole **Monkey Bar** (Budapester Straße 40, Tel. 030 120 22 12 00, tgl. 12.00 bis 23.00 Uhr; Monkey Bar tgl. 12.00–2.00 Uhr).

INFORMATION
Tourist-Information im Neuen Kranzler Eck, Kurfürstendamm 22, 10719 Berlin, Tel. 030 25 00 23 33, www.visitberlin.de

Schöneberg und Tempelhof

Schöneberg war schon in den 1920ern das Pflaster für extravagantes Ausgehvergnügen, später hat der Kiez als Zentrum der Schwulen- und Lesbenbewegung von sich reden gemacht. Mit kleinen Läden und netten Lokalen empfiehlt sich vor allem die Gegend um den Winterfeldtplatz; Outdoorfans finden ihre Spielwiese auf dem einstigen Rollfeld des stillgelegten Flughafens im östlich angrenzenden Ortsteil Tempelhof.

SEHENSWERT
Das 2 **Kaufhaus des Westens** (KaDeWe) ist seit 1907 eine Institution für Einkaufsfreuden auf hohem Niveau, legendär ist die Feinkostabteilung (Tauentzienstraße 21, www.kadewe.de; Mo.–Do. 10.00–20.00, Fr. 10.00–21.00, Sa. 9.30 bis 20.00 Uhr). Gleich hinter dem KaDeWe beginnt das vor dem Ersten Weltkrieg entstandene **Bayerische Viertel** mit Gründerzeitbauten, etlichen Restaurants und Cafés. Das 11 **Rathaus Schöneberg** (1906–1914) war 1949 bis 1993 Sitz des Regierenden Bürgermeisters und damit politisches Zentrum Westberlins. Hier sprach US-Präsident John F. Kennedy die legendären Worte „Ich bin ein Berliner". Im ersten Stock ist die kostenlose Ausstellung „Wir waren Nachbarn" mit über 100 Biografien jüdischer Berliner zu sehen (John-F.-Kennedy-Platz 1; Ausstellung Sa.–Do. 10.00–18.00 Uhr).
Der 1923 eröffnete 10 **Flughafen Tempelhof** (Tempelhofer Damm 1; s. auch Karte S. 78) war in den 1930er-Jahren Europas verkehrsreichster Airport; als die Sowjets 1948/49 die Straßen- und Schienenverbindung nach Westberlin blockierten, landeten hier die „Rosinenbomber" der Alliierten. Der neoklassizistische Neubau (ab 1934) ist zu besichtigen (Haupteingänge Tempelhofer Damm/Columbia-Damm, www.gruen-berlin.de/tempelhofer-feld und www.thf-berlin.de; Flughafen-Führungen s. Tipp).

Tipp

Berlins Tor zur Welt

Bei interessanten Themenführungen kann man den Flughafen Tempelhof, noch heute eines der flächengrößten Bauwerke der Welt und mittlerweile unter Denkmalschutz, von innen kennenlernen. Bei den etwa 2 Std. dauernden Führungen erfährt man viel über die Nutzung des Gebäudes im nationalsozialistischen Deutschland oder bei anderen Rundgängen über „Tempelhof als Flughafen der Alliierten". Man kann aber auch eine Tour zu den „verborgenen Plätzen" des Flughafens buchen.

INFORMATION
Tempelhofer Damm 1, Besucherservice, Tel. 030 200 03 74 41, www.thf-berlin.de; Führungen „Mythos Tempelhof" Mo.–Do. 16.00, Fr. 13.00 und 16.00, Sa. und So. 12.00 und 15.00 Uhr

Eingangsportal des Zoos (links). Im Kaufhaus des Westens (rechts oben). Gründerzeit an Schönebergs Viktoria-Luise-Platz (rechts unten)

Tiergarten

Der Tiergarten, urspr. ein kurfürstliches Jagdrevier, ist seit Mitte des 18. Jh. die größte öffentliche Grünanlage Berlins und gibt einem ganzen Stadtteil den Namen. In dieser grünen Lunge residiert, im Schloss Bellevue, der Bundespräsident. Am östl. Tiergartenrand liegt das Regierungsviertel, unweit davon der Potsdamer Platz, das alte und neue Herz der Stadt.

SEHENSWERT
Mitten im 210 ha umfassenden **Tiergarten** prunkt die 3 **Siegessäule,** 1871 als Erinnerung an die siegreichen Kriege Preußens gegen Dänemark, Österreich und Frankreich aufgestellt. Wer zur goldenen Siegesgöttin hinaufsteigt, überblickt in 50 m Höhe die ganze Innenstadt (Großer Stern, April–Okt., Mo.–Fr. 9.30–18.30, Sa./So. bis 19.00, sonst tgl. 9.30 bis 17.30 Uhr). Am nördl. Rand der Grünanlage liegt 4 **Schloss Bellevue,** bis 1785 für Ferdinand, den Bruder des Preußenkönigs Friedrich II., errichtet und seit den 1950ern Berliner Amtssitz des Bundespräsidenten (Spreeweg 1).

Das 5 **Haus der Kulturen der Welt,** früher Kongresshalle und als avantgardistischer Beitrag der USA zur Internationalen Bauausstellung 1957 errichtet, ist heute Ausstellungs- und Veranstaltungsort (John-Foster-Dulles-Allee 10, www.hkw.de).
Am südöstl. Rand des Tiergartens sind das weitgehend durch den Architekten Hans Scharoun gestaltete 7 **Kulturforum** mit der Philharmonie (bis 1963; Herbert-von-Karajan-Straße 1) und der 8 **Potsdamer Platz** TOPZIEL zu finden. In den ersten Jahrzehnten des 20. Jh. einer der verkehrsreichsten Plätze Europas und quirliger City-Hotspot, lag er nach 1945 unmittelbar an der Sektorengrenze; ab 1961 durch die Mauer geteilt, verkam er zur Brache. In den 1990er-Jahren wurde das Herz der Stadt nach Plänen namhafter Architekten wieder aufgebaut; hier reihen sich eher hochpreisige Einkaufsmöglichkeiten und Theater. Die spektakulärsten Bauwerke sind der Bahn- und der Kollhoff-Tower (94 m/101 m) und das wegen seines Zeltdaches auffällige Sony Center (2000).

REGIERUNGSVIERTEL
Am Ostrand des Parks liegt der 6 **Reichstag** TOPZIEL, Ende des 19. Jh. als Sitz für das Parlament des Deutschen Kaiserreichs errichtet und nach bewegter Geschichte in den 1990er-Jahren unter der Regie des britischen Stararchitekten Sir Norman Foster zum Sitz des Deutschen Bundestags umgebaut (Platz der Republik 1, Tel. 030 22 73 21 52, www.bundestag.de; Kuppelbesuch tgl. 8.00–24.00 Uhr, An-

Berlin ist eine großartige Sammlung von Erinnerungen, Denkmälern und historischen Stätten.

meldung online oder vor Ort bei der Anmeldestelle April–Okt. tgl. 8.00–20.00, sonst 8.00 bis 18.00 Uhr,). In Nachbarschaft zum Reichstagsgebäude ist um die Jahrtausendwende das neue Regierungsviertel entstanden; als erster Neubau wurde 2001 das **Bundeskanzleramt** (Willy-Brandt-Straße 1, www.bundesregierung.de) fertiggestellt. Der Bauauftrag war 1997 noch unter dem damaligen Kanzler Helmut Kohl (CDU) vergeben worden; sein Amtsnachfolger Gerhard Schröder (SPD) zog als erster Hausherr ein. Gegenüber liegt das **Paul-Löbe-Haus** (2002; Platz der Republik 1), in dem ein Teil der Abgeordneten seine Büros hat. Auf der anderen Seite der Spree schließt sich das **Marie-Elisabeth-Lüders-Haus** (2003) mit der Parlamentsbibliothek an. Beide Gebäude sind durch eine Brücke verbunden, die nicht nur praktische Funktion hat, sondern symbolisch zum Ausdruck bringen soll, dass die Trennung von Ost und West – einst an dieser Stelle markiert durch die Spree – überwunden ist.

MUSEEN

Das 7 **Kulturforum** präsentiert Berlins europäische Kunst in mehreren Museen (www.smb.museum; Di.–Fr. 10.00–18.00, Do. 10.00–20.00, Sa. und So. 11.00–18.00 Uhr). Die 1998 eröffnete **Gemäldegalerie** bietet vor allem deutsche und italienische Malerei (13.–16. Jh.) sowie niederländische Malerei (15.–17. Jh.). Die **Neue Nationalgalerie** wird zzt. bis vermutlich 2019 saniert; solange ist die moderne Kunst im Hamburger Bahnhof beheimatet (s. S. 42). Im **Kunstgewerbemuseum** ist europäisches Kunsthandwerk und Design vom Mittelalter bis zur Gegenwart zu sehen, darunter der mittelalterliche Welfenschatz. Das **Kupferstichkabinett** geht auf 1652 und den Großen Kurfürsten zurück; heute prunkt es mit Werken aus 1000 Jahren „Kunst auf Papier", mit Kunst-, Kultur- und Mediengeschichte vom Mittelalter bis in die Gegenwart.
Das **Musikinstrumentenmuseum** an der Philharmonie präsentiert Instrumente aus dem 16. bis zum 21. Jh.; Audioguides ermöglichen, deren Klangwelt zu erleben (www.sim.spk-berlin.de; Di.–Fr. 9.00–17.00, Do. 9.00–20.00, Sa. und So. 10.00–17.00 Uhr).
Das 9 **Dalí-Museum** am Potsdamer Platz zeigt über 450 Werke des berühmten Surrealisten (Eingang: Leipziger Platz 7, www.daliberlin.de, Juli/Aug. tgl. 10.00–20.00, sonst 12.00 bis 20.00 Uhr). Das 8 **Museum für Film und Fernsehen** hält die Erinnerung wach an mehr als 100 Jahre deutsche Film- und 50 Jahre deutsche Fernsehgeschichte (Potsdamer Straße 2, www.deutsche-kinemathek.de; Mi.–Mo. 10.00 bis 18.00, Do. 10.00–20.00 Uhr).

HOTEL UND RESTAURANTS

Direkt am Tiergarten residiert das schicke €€€€ **Hotel Stue** in dem neoklassizistischen früheren dänischen Botschaftsgebäude (1940), drinnen kann man sich vom Team des spanischen Sternekochs Paco Pérez im €€€€ **Casual** oder noch feiner im Restaurant €€€€ **Cinco** verwöhnen lassen (Drakestraße 1, 10787 Berlin, Tel. 030 311 72 20, www.das-stue.com).

Genießen Erleben Erfahren

DuMont Aktiv

Den Lobbyisten auf der Spur

Verbände, Agenturen, Kanzleien: Auf den ersten Blick handelt es sich um ein normales Geschäftsviertel. Doch hier verstecken sich auch Schaltzentralen und Treffpunkte der Lobbyisten.

Männer im Trenchcoat, die Geldkoffer überreichen – beim Wort „Lobbyist" geht mit den meisten Menschen die Phantasie durch. „Aber ganz so einfach läuft es nicht ab", sagt Timo Lange. „Lobbyarbeit ist legal – und langfristig viel effektiver als Korruption." Etwa 5000 Lobbyisten seien in Berlin aktiv, sagt der Stadtführer von Lobby-Control. Der gemeinnützige Verein veranstaltet Stadtführungen mit kritischem Blick hinter die Kulissen des Regierungsbetriebes. Zwischen Friedrichstraße und Unter den Linden haben die Büros von Verbänden und Anwaltskanzleien ihren Sitz, deren Mitarbeiter nur eines im Sinn haben: engen Kontakt zu Abgeordneten und Ministerialbeamten, um Interessen von Firmen, Organisationen oder Wirtschaftszweigen zu vertreten. „Das läuft alles ganz subtil ab", sagt der Guide und stoppt immer wieder vor Firmenschildern mit unverfänglich klingenden Namen, um die Methoden zu erklären, beispielsweise die „kostenlose" Erstellung von Unterrichtsmaterialien durch Lobbyisten oder den „Drehtüreffekt", bei dem Entscheidungsträger von der Politik in Konzernzentralen wechseln – und teilweise wieder zurück.

Manche Organisation versuchte sogar schon, die Gruppe zu sich ins Büro zu locken, um ihren Standpunkt detailliert darzustellen. An einer Tür haben sich die Lobbyistenjäger bislang jedoch die Zähne ausgebissen: Im China Club, dem wohl exklusivsten Club der Stadt, können sich Politiker und Lobbyisten treffen, ohne von Journalisten oder Bürgern gesehen zu werden. Bereits die Aufnahmegebühr beträgt hier 15 000 Euro ...

Informationen

Termine: Die lobbykritische Stadttour findet an ausgewählten Sa. jeweils um 14.00 Uhr statt, Termine unter www.lobbycontrol.de, Anmeldung an stadtfuehrung@lobbycontrol.de. Die Führung umfasst rund zehn Stationen und dauert zwei Stunden. **Literatur:** Lobby-Control hat den LobbyPlanet Berlin herausgegeben, einen Reiseführer für die Welt des Lobbyismus, der anhand von rund 100 Stationen durch das Regierungsviertel führt.

Party, Punks und Bionade-Mütter

Prenzlauer Berg, Friedrichshain, Kreuzberg und Neukölln sind die Ausgehbezirke Berlins. Die Lust am Feiern vereint. Trotzdem könnten die Stadtteile unterschiedlicher nicht sein. Während es sich im Prenzlauer Berg der grün orientierte Lehrer gemütlich gemacht hat, begegnet man in Friedrichshain dem Punker mit Hund und feiernden Jugendlichen, in Kreuzberg dem in Ehren ergrauten Alt-68er und in Neukölln der tief verschleierten Türkin. Alles Klischees natürlich, aber doch welche, die mehr als nur einen Funken Wahrheit enthalten.

So kann ein hektischer Tag ausklingen: Kreuzberger Blick über die Spree auf die Oberbaumbrücke

Prenzlauer Berg. In der Wahrnehmung der Berliner steht der Kiez für Ökomütter, die mit Edelkinderwagen unterwegs sind und zwischen Yogakurs und Selbstfindungsgruppe noch schnell beim europaweit größten Biosupermarkt einkaufen. Prenzlauer Berg steht für Lattetrinker und Projektbesprecher. Für Holzfahrradkinder und Bionadekäufer.

Gespritztes Gemüse hat hier keine Chance, und wessen Lampe nicht mit Biostrom leuchtet, muss mit Zurechtweisung durch die Nachbarn rechnen. Ein bisschen was von einem Neureichen hat er schon, der Bezirk Berlins, der nach der Wende einen kometenhaften Aufstieg genommen hat – vom düster-grauen Entlein des DDR-Berlins zum blütenweißen Schwan der Nachwendezeit. Erst kamen Künstler, Hausbesetzer und Alternative, später fand auch der ökologisch orientierte Mittelstand das Viertel schick. Und spätestens dann entdeckten auch die Immobilienhaie den Kiez. Das größte Gründerzeit-Altbaugebiet Deutschlands stieg schnell zu einem der beliebtesten Viertel der Stadt auf – mit entsprechend stark steigenden Preisen für Wohnraum.

Aus dem Widerstandsnest ist ein Heim der Arrivierten geworden: Prenzlauer Berg.

Bionade-Mutti mit Kinderwagen

Heute ist der Anteil junger Menschen im Prenzlauer Berg hoch. Über 50 Prozent sind zwischen 25 und 45 Jahre alt, im Berliner Schnitt sind es gerade mal gut 30 Prozent. Die früheren Unangepassten, inzwischen Etablierten, die, die es geschafft haben, sind in den Eigentumswohnungen von Prenzlauer Berg sesshaft geworden. Die soziale Durchmischung aber fehlt. Arbeitslose, Arbeiter, Alte sucht man vergebens. Dagegen leben hier genauso viele Ausländer wie im Ber-

Typisch Prenzlauer Berg: Eberswalder Straße (oben). Die KulturBrauerei stammt aus einer Zeit, als auch Zweckbauten detailreich gestaltet wurden; heute sind hier ein Kino, Theater, Konzertveranstalter und Restaurants beheimatet (Mitte). Der Helmholzplatz wird vor allem am Abend zur Bühne (unten)

Einst verlief hier zwischen Wedding und Prenzlauer Berg die Sektorengrenze:
1994 wurde das ehemalige Bahngelände zum (Freizeit-)Mauerpark

Der Mauerpark ist ein vielseitiges Veranstaltungs- und Freizeitgelände.
Beliebt ist der sonntägliche Flohmarkt

Das Restaurant „Pirates" bietet einen herrlichen Blick auf Berlins schönste Spreequerung: Die Oberbaumbrücke verbindet Kreuzberg mit Friedrichshain

Blick durch die Friedrichshainer Bänschstraße auf die Samariterkirche. Das Gotteshaus aus wilhelminischer Zeit war ein Zentrum der DDR-Opposition

liner Durchschnitt: 16 Prozent der Bevölkerung, vor allem allerdings Franzosen, Italiener, Amerikaner, Briten, Spanier, Dänen. Menschen, die es wie ihre deutschen Nachbarn im Laufe ihres Lebens zu etwas gebracht haben und jetzt im „hippen" Berlin sesshaft geworden sind.

Heute leben die Wohlhabenden im Prenzlauer Berg, früher waren es die Armen. Die Besiedlung des Gebiets begann relativ spät. Noch im 18. Jahrhundert endete Berlin an der Torstraße, die heute die Grenze zum Stadtteil Mitte bildet, und die so heißt, weil an ihr die Stadttore standen. Später erbaute man dann am „Prenzlauer Berg" Mühlen. Hier, 30 Meter über der Stadt, wehte der meiste Wind. Und schließlich siedelten sich Mitte des 19. Jahrhunderts Brauereien an. Der „Höhenzug", nach dem das Viertel den „Berg" im Namen trägt, bot günstige Voraussetzungen, um Gärkeller zu bauen. Außerdem gab es auch damals schon nur vor den Toren der Stadt genügend Platz für Brauereien und deren große Biergärten. Prenzlauer Berg wurde zu einem Ausflugsziel, zu dem man am Wochenende hinausfuhr oder -spazierte.

Freiraum im Unterdrückerstaat

Mit der Industrialisierung in der zweiten Hälfte des 19. Jahrhunderts nahm die Bevölkerung sprunghaft zu, viele Menschen suchten Arbeit in Berlin, der damals

Die Simon-Dach-Straße in Friedrichshain gehört am Abend den Kiezgängern

siebtgrößten Stadt der Welt. Jetzt musste auch jenseits der Torstraße gebaut werden, in dem neu entstehenden Stadtviertel wohnten vor allem die Arbeiter. Entsprechend klein waren die Wohnungen und beengt die Lebensverhältnisse. Prenzlauer Berg wurde zum am dichtesten bevölkerten Stadtteil Berlins. Immerhin: Im Zweiten Weltkrieg hatte man Glück im Unglück. „Prenzlberg" blieb von Zerstörungen weitgehend verschont, am Kriegsende waren über 70 Prozent der Gebäude nicht oder nur leicht beschädigt.

Die Einwohner vom Prenzlauer Berg galten schon immer als aufsässig, und das blieben sie auch zu DDR-Zeiten. In den Hinterhöfen des Viertels lebten damals diejenigen, die sich – zumindest gedanklich – vom Staat verabschiedet hatten und sich hier Freiräume schufen – im wörtlichen und übertragenen Sinn. In der Gethsemanekirche traf sich die DDR-Opposition, die Kirche wurde zum Symbol für den gewaltfreien Protest.

Heute ist das Nachtleben des Kiezes eine Mischung aus dem alten unangepassten Prenzlauer Berg und dem neuen etablierteren. Gediegene Restaurants rund um den Kollwitzplatz, Cafés am Helmholzplatz und rund um den Wasserturm sind Anziehungspunkte für alle, die ein gutes Glas Wein einer durchtanzten Nacht vorziehen. In den Clubs rund um die KulturBrauerei trifft sich die Partygemeinde. Unaufgeregte „Klassiker" wie „Speiches Rock- und Blueskneipe" in der Raumer- und das „August Fengler" in der Lychener Straße sorgen für das Gegengewicht zum Gentrifizierungswahn. Und im „Prater Biergarten" sitzen im Sommer Einheimische und Touristen gemeinsam unter den Kastanien.

Die Partybahn nach Friedrichshain

Das Partyvolk kommt zwar zum Tanzen durchaus noch in den Prenzlauer Berg, ansonsten haben die Jungen aber Friedrichshain für sich entdeckt. Dorthin fährt man von der „Ecke Schönhauser", dem Hotspot des Nightlife im Prenzlauer Berg mit der Straßenbahn M10, Berlins

Kreuzberg bietet für jeden etwas und einen Platz, ob junger Familienvater, Moscheebesucher oder Partygänger – hier am Schlesischen Tor

Der Bergmannkiez mit seiner gleichnamigen Hauptausgehmeile ist eines der großen Zentren der Berliner Abendszene

Pfingsten in Kreuzberg: Der Karneval der Kulturen ist ein bunter multikultureller Straßenumzug

bekanntester Straßenbahnlinie. Tagsüber unterscheiden sich deren Fahrgäste nicht von denen anderer Berliner Straßenbahnen. Abends aber trifft sich hier das Feierpublikum auf dem Weg von einem Club zum nächsten – auffällig viele Berlinbesucher aus dem Ausland sind dann mit der „Partybahn" unterwegs.

Im Internet wird auf einschlägigen Seiten neben den Berliner Clubs auch die M10 gelistet. Die Userin Lydia schreibt über die Bahn: „Was sich da am Wochenende abspielt, will ich niemandem vorwegnehmen, aber es kann durchaus laut, dumm und unterhaltsam sein, manchmal auch eine Grenzerfahrung, wenn es Fahrgästen plötzlich durch übermäßigen Alkoholkonsum nicht mehr ganz so rosig geht."

Punks und Partyvolk

Friedrichshain ist ein verhältnismäßig junger Bezirk. Bis 1920 gingen hinter dem Frankfurter Tor schon die Vororte los. Zudem lag das ehemalige Stadttor Richtung Frankfurt/Oder nicht dort, wo sich heute die gleichnamige Bahnstation befindet, sondern viel weiter westlich – also stadteinwärts auf Höhe der Weberwiese. In der Zeit vor dem Zweiten Weltkrieg war Friedrichshain die Hochburg der Linken. Die Kommunisten gaben gegen den braunen Terror nicht klein bei. Schlägereien und Saalschlachten zwischen den politischen Gegnern waren an der Tagesordnung. Bei einer solchen Prügelei kam 1930 Horst Wessel, SA-Sturmführer und „Chef" einer besonders brutalen Nazi-Schlägertruppe, ums Leben. Das blieb unvergessen, und nach der braunen Machtübernahme nannten die Nazis Friedrichshain in Horst-Wessel-Stadt um. Heute zieht es linke Klientel wieder in den Bezirk – im Samariterkiez ist die Punk- und Hausbesetzerszene fest etabliert, es kommt immer wieder mal zu Auseinandersetzungen mit Ordnungshütern. Das Partyvolk hält sich lieber in der Gegend um die Simon-Dach-Straße und den Boxhagener Platz auf. Oder man feiert – wenn es alternativer sein soll – auf dem RAW-Gelände, dem früheren Reichbahnausbesserungswerk in der Nähe der Revaler Straße.

Nur ein paar hundert Meter vom RAW entfernt, in dem von 1867 bis in die Zeit unmittelbar nach der Wende Lokomotiven repariert wurden, liegen die East Side Gallery und die Oberbaumbrücke – beides Zeugen schmerzhafter deutscher Geschichte. Die bunt bemalte East Side Gallery entstand aus dem „antifaschistischen Schutzwall", der Mauer, die Ost- und Westberlin trennte und an der viele Menschen ihr Leben verloren. Die Oberbaumbrücke, die vielen als die schönste Berlins gilt, war im Zweiten Weltkrieg stark zerstört worden und danach als Grenzbrücke, eher ein Symbol der Trennung als Verbindung. Heute führt sie, 1896 im neugotischen Stil erbaut und nach der Wende von dem weltberühmten Architekten Santiago Calatrava renoviert, hinüber nach Kreuzberg.

Drogen und Ökomüsli

Vor der Wende war Kreuzberg – um genauer zu sein, SO 36, der „Südostteil" des Kiezes, benannt nach der damaligen Postleitzahl – ein Sammelbecken vieler Aussteiger der Republik. Die Mauer, die den Bezirk von drei Seiten einschloss, schuf hier eine Art Refugium für die Alternativszene. Hausbesetzer und Bundeswehrflüchtlinge kamen hierher, und alle anderen, die mit der Nachkriegsbundesrepublik nicht zurechtkamen. Niemand interessierte sich ernsthaft für dieses Ende der „westlichen" Welt, und so entstanden hier Freiräume wie nirgends sonst in Deutschland. Noch heute ist SO 36, die Gegend um den Görlitzer Park, der wildere Teil Kreuzbergs. Die

Feiern über dem Landwehrkanal: Kreuzberger Admiralsbrücke

Auch in manchen Szenevierteln Berlins sind die vormals jungen Grenzgänger etablierter geworden, haben gute Jobs und Familien gegründet.

Drogenhändler am Rande des Parks gehören hier genauso zum Stadtbild wie verschleierte Frauen, Partygänger und Familien mit Kindern. Trotz aller Konflikte funktioniert das Nebeneinander. Das andere Kreuzberg, Kreuzberg 61, der Kiez rund um die Bergmannstraße, gehört inzwischen zu den beliebtesten Wohnlagen der Stadt. Draußen in der Sonne am „Latte" schlürfen, dann noch einen Prosecco und zum Abschluss einkaufen beim Ökohändler in der Markthalle – so sieht das perfekte Wochenende eines „Neukreuzbergers" aus. Die Kneipen jenseits der Gneisenaustraße überlässt der den Alteingesessenen, den Weg hinauf zum Viktoriaberg, mit der Aussicht über Berlin, den Touristen.

Heinz B. und die Rütlischule

Neukölln ist der etwas schmuddeligere Nachbar Kreuzbergs. Die Fahrt nach Neukölln ist ein wenig wie eine Reise in die Vergangenheit Kreuzbergs. Wer hier ausgeht, ist jung und wild – oder hält sich dafür. Die Kneipen sind uriger, aber auch ruppiger. Touristen verirren sich nur selten hierher. Doch das gilt nicht für alle Teile Neuköllns. Die Gentrifizierung wagt sich auch hierher vor. In Kreuzkölln beispielsweise – der Volksmund nennt die an Kreuzberg grenzende Gegend rund um den Reuterplatz so – unterscheidet sich das Publikum in den Kneipen kaum noch von dem in den „reicheren" Bezirken.

Das haben inzwischen auch die Immobilienmakler gemerkt, die Preise des einst so günstigen Stadtteiles steigen an. Wer im Reuterkiez wohnen will, muss inzwischen tief in die Tasche greifen. Trotzdem: Viele Probleme sind auch hier nicht gelöst – die Arbeitslosenquote liegt bei 35 Prozent, ganze Familien leben von staatlicher Unterstützung. Darauf wies der damalige Bezirksbürgermeister Heinz Buschkowsky immer wieder boulevardpassend hin. Mit seiner griffig formulierten Aussage, Multikulti sei gescheitert, brachte er es in den 2010er-Jahren zum Talkshow-Liebling.

Im Reuterkiez liegt auch die Rütlischule, seit 2006 bundesweit bekannt, weil die Lehrer dort „SOS funkten" und in einem Brandbrief klarmachten, sie könnten der Gewalt durch Schüler nicht mehr standhalten. Inzwischen hat man die Rütlischule in Campus Rütli umbenannt und mit Bildungsprojekten für Aufsehen gesorgt. So entwarfen die Schüler beispielsweise eine eigene Kleiderkollektion und vermarkten diese. Die Horrorschule wurde zum Prestigeprojekt, das, so ist zu hoffen, die positiven Entwicklungsmöglichkeiten des gesamten Stadtteils nur vorwegnimmt.

Auch wenn es in Kreuzberg einmal regnet, das Straßencafé wird zum Wohnzimmer – in der Oranienstraße

Die Berliner nutzen jedes bisschen Grün: Wiese am Urbahnhafen des Landwehrkanals (Mitte links). Multikulti in Neukölln (Mitte rechts)

Graffiti in Kreuzberg – kein Quadratmeter bleibt unkommentiert

MARKTHALLEN

Tapas, Tofu, Thai-Burger

Ende des 19. Jahrhunderts entstanden in Berlin 14 große Markthallen. Zeitweise als altmodische Relikte beinahe in Vergessenheit geraten, erleben die verbliebenen Hallen heute ein Revival als Pilgerstätten für „Foodies" – allen voran die „Halle Neun".

Punkt 17 Uhr ertönt eine Glocke: Der Street Food Market ist eröffnet. Überall in der Kreuzberger „Markthalle Neun" wird gebrutzelt und geschmort, Bier gezapft und Wein ausgeschenkt. Es gibt Backschwein aus der Uckermark, frisch geräucherten Fisch aus Mecklenburg, portugiesische Küchlein und chinesische Maultaschen, türkische Meze, „Naanwiches" mit indischem Käse und als Burger getarntes koreanisches Street Food. Veganer, Vegetarier oder überzeugte Fleischesser: Alle finden hier ihr Schlaraffenland.

Spanischer Schinken, französisches Brot, italienischer Wein – Berlins Markthallen bieten alles, was das Herz begehrt

Der „Street Food Thursday" gehört zu den beliebtesten Events in der 1891 eröffneten Markthalle. Der Backsteinbau ist ein Schmuckstück: Gusseiserne Pfeiler tragen das Dach über dem Mittelschiff dieser Kathedrale der Kulinarik, die Sonne schimmert durch die Fenster über den Querschiffen. 14 dieser Markthallen gab es gegen Ende des 19. Jahrhunderts, errichtet auf Beschluss des Berliner Magistrats. Sie sollten die Lebensmittelversorgung der Bevölkerung verbessern.

Nur drei der Bauten blieben erhalten: neben der „Halle Neun" die Arminiushalle in Moabit und die Ackerhalle in Mitte. Alle anderen sind verschwunden: zerstört im Krieg, verdrängt durch Kaufhäuser. Noch vor zehn Jahren interessierte sich niemand für die alten Hallen – Shoppen in großen Einkaufszentren war angesagt. Inzwischen haben sie sich wieder ihre Nische als Kieztreff erobert.

Als die „Halle Neun" 2009 zum Verkauf ausgeschrieben wurde, waren die Marktstände verwaist, allein zwei integrierte Discounter hielten die Stellung. Den Zuschlag erhielten zur späteren Freude aller nicht der meistbietende Investor, der den Bau abreißen wollte, sondern drei junge, enthusiastische Food-Fans. „Für mich war es immer schon ein Traum, eine Markthalle zu managen", sagt Florian Niedermeier, einer der Gründer. Ihr Konzept setzt auf kleinteilige Produktion sowie regionale und saisonale Produkte. „Die Stadt hat keine große kulinarische Tradition, aber eine wahnsinnig lebendige, junge Klientel, die sich für das Thema interessiert", schwärmt Niedermeier. „Für mich ist Berlin im Moment die spannendste Stadt im Food-Bereich."

Inzwischen haben 16 neue Firmen in der Halle ihren Sitz: beispielsweise die „Tofu-Tussis", zwei Frauen, die Soja-Landjäger – pardon: „Stadtjägerinnen" – produzieren. Selbstverständlich nicht mit Soja aus dem niedergebrannten brasilianischen Regenwald, sondern bio und aus Niederbayern. Oder Jörg Förstera, der mit

Ein Wochenmarkt, wie man ihn sich wünscht, und das noch unter einem schützenden Dach: „Halle Neun" in Kreuzberg (links). Beim Street Food Thursday in der „Halle Neun" lässt sich kulinarisch die Welt bereisen (rechts)

seiner gläsernen Fleischerei „Kumpel & Keule" den „ehrlichen Fleischgenuss" zurückbringen möchte.

Die „Halle Neun" hat den Kult um Nachhaltigkeit, Handarbeit und Genuss auf die Spitze getrieben. Zu den Events strömen inzwischen Besucher aus der ganzen Stadt. Gleichzeitig ist das Nebeneinander verschiedener Welten zu spüren: Während in einem Teil des Gebäudes geschlemmt wird, pilgern im anderen betagte Damen und tief verschleierte türkische Frauen zu dem weiterhin hier ansässigen Discounter, an dessen Eingang ein Mann kalte Bohnen aus einer Dose für 40 Cents löffelt. Kontraste, die untrennbar mit Berlin verbunden sind.

Informationen

Die 1888 eröffnete **Ackerhalle** (Mitte, Ackerstraße 23), urspr. Markthalle IV, ist heute Domizil eines Supermarktes.
Die **Arminiusmarkthalle**, 1891 als Markthalle X in Betrieb genommen, vereint traditionelle Marktständen mit Bars, Cafés und Restaurants (Moabit, Arminiusstraße 2, www.markthalleberlin.com: Mo.–Sa. 9.00–22.00 Uhr).
Die **Marheineke Markthalle**, 1951 als Nachfolger der urspr. Markthalle XI im Bergmannkiez eingeweiht, vereint ein hochwertiges Marktangebot mit Gastronomie (Kreuzberg, Marheinekeplatz, www.meine-markthalle.de; Mo.–Fr. 8.00 bis 20.00, Sa. 8.00–18.00 Uhr).
Die **Markthalle Neun** wurde 1891 als Markthalle IX eröffnet (Eisenbahnstraße 42, www.markthalleneun.de; Mo. bis Fr. 12.00–18.00, Sa. 10.00–18.00, Street Food Thursday Do. 17.00–22.00 Uhr).

Mitte
(Bez.MITTE)
Prenzlauer
Berg
(Bez.PANKOW)
Volkspark
Friedrichshain
FRIEDRICHSHAIN-
KREUZBERG
Friedrichs-
hain
(Bez.FR-KR)
Kreuzberg
(Bez.FR-KR)
Kreuz-
berg
(Bez.FR-KR)
Alt-
Treptow
(Bez.TREPTOW-KÖPENICK)
NEUKÖLLN
Volkspark
Hasenheide
Görlitzer
Park
Spree
Landwehrkanal
Alexanderpl.
Hackescher Markt
Jannowitzbr.
Ostbahnhof
Warschauer Str.
Schlesisches Tor
Görlitzer Bhf.
Kottbusser Tor
Hallesches Tor
Mehringdamm
Gneisenaustr.
Südstern
Hermannpl.
Schönleinstr.
Moritzpl.
Prinzenstr.
Kochstr.
Stadtmitte
Hausvogteipl.
Spittelmarkt
Märk.Mus.
H.-Heine-Str.
Klosterstr.
Schillingstr.
Strausberger Platz
Weberwiese
Frankfurter Tor
Landsberger Allee
Greifswalder Str.
Senefelderpl.
Rosenthaler Pl.
Weinmeisterstr.
R.-Luxemburg-Pl.
Bernauer Str.
Voltastr.
Rosenth.Pl.
Pl.d.Luftbrücke
Raths. Neukölln
Karl-Marx-Allee
Frankfurter Allee
Landsberger Allee
Greifswalder Str.
Danziger Str.
Torstr.
Oranienstr.
Skalitzer Str.
Gitschiner Str.
Stralauer Allee
Warschauer Str.
Columbiadamm
Maßstab 1:25.000
0
400m
ehemaliger
Flughf. Tempelhof
1
2
3
4
5
6
7
8
9
10
11
12
13
14
15

Das Szenegesicht Berlins

Nach der Wende waren die Oststadtteile Mitte, Prenzlauer Berg und Friedrichshain plötzlich „in" – beim Partyvolk und auch zum Wohnen. Gern gefeiert wird aber auch im „westlichen" Kreuzberg und Neukölln

Prenzlauer Berg

Der Prenzlauer Berg war in den Jahrzehnten nach der Wende der Shooting Star unter den Berliner Kiezen. In den heruntergekommenen Arbeiterquartieren entstanden, aufwendig saniert, die teuersten Wohnungen der Stadt. Die alternative Szene ist deshalb längst weitergezogen. Hip ist Prenzlauer Berg auch heute noch – manch einer glaubt aber, der Stadtteil habe seine beste Zeit schon wieder hinter sich ...

SEHENSWERT

Die ❶ **Kastanienallee** TOPZIEL ist eine der großen Ausgehstraßen des Prenzlauer Bergs. Hier sind besonders viele Cafés, Restaurants und Boutiquen zu finden. In den letzten Jahren ein wenig zum Laufsteg des Viertels geworden, geht es auf der „Casting-Allee" auch darum, „gesehen zu werden".

Wichtige Orte fürs Ausgehpublikum sind **Helmholtzplatz** (nördl. außerhalb des Detailplans) und ❺ **Kollwitzplatz;** ein Kollwitzdenkmal (1959) steht auf dem Spielplatz, in dem im Krieg zerstörten Eckhaus Kollwitz-/Knaackstraße hat die Bildhauerin gelebt. Rund um den 1877 erbauten **Wasserturm,** dem Wahrzeichen des Kiezes südl. des Kollwitzplatzes, liegen ebenfalls viele Kneipen; beliebt sind die tortenstückartig geschnittenen Wohnungen im Turm. Der Maschinenraum des Turms diente im Dritten Reich als Gefängnis und Folterkeller (Gedenktafel).

Die **Gethsemanekirche** (nördl. außerhalb der Detailkarte, Stargarder Straße 77, www.ekpn.de/kirchen/gethsemanekirche; Mai–Sept. 17.00 bis 19.00 Uhr), erbaut in den 1890er-Jahren, war im Wendeherbst 1989 Treffpunkt der DDR-Opposition; passenderweise fand 1990 hier der Eröffnungsgottesdienst der einzigen frei gewählten DDR-Volkskammer statt.

DDR-Geschichte kann man auch in der ❷ **Gedenkstätte Berliner Mauer** in der Bernauer Straße nachempfinden; auf einer Länge von über einem Kilometer wird hier an einem Originalschauplatz die Geschichte der deutsch-deutschen Teilung nacherzählt. Hintergrundinformationen bietet das Dokumentationszentrum (Bernauer Straße 111, www.berliner-mauer-gedenkstaette.de; Di.–So. 10.00–18.00 Uhr); ein Aussichtsturm ermöglicht einen Blick über das Gelände an der ehemaligen Grenze.

Der Biergarten „Prater" in Prenzlauer Berg (links). In der Gethsemanekirche (rechts oben). Boutique in der Kastanienallee (rechts unten)

MUSEUM

Im ❹ **Museum in der KulturBrauerei** ist die Ausstellung zum „Alltag in der DDR" zwischen politischem System und der Lebenswirklichkeit untergebracht (Knaackstraße 97, www.hdg.de/berlin/museum-in-der-kulturbrauerei; Di.–So. 10.00–18.00, Do. 10.00–20.00 Uhr).

ERLEBEN

Der Name ❹ **KulturBrauerei** kommt nicht von ungefähr. In dem großen Areal mit Großkino, mehreren Theatern, Konzert- und Veranstaltungsräumen und Restaurants wurde einst Bier gebraut. Das ehem. Gebäude der Schultheiss-Brauerei wurde bis 1891 von Franz Schwechten, dem Architekten des Anhalter Bahnhofs und der Kaiser-Wilhelm-Gedächtniskirche, erbaut (Schönhauser Allee 36, www.Kulturbrauerei.de).

Der ❸ **Mauerpark** erstreckt sich auf dem ehem. Grenzstreifen zwischen Ost- und Westberlin (www.mauerpark.info), am Sonntagnachmittag treffen sich hier Hunderte zum Karaoke, man shoppt auf dem Flohmarkt (www.flohmarktimmauerpark.de; So. 9.00–18.00 Uhr) oder kehrt im „Biergarten Mauersegler" ein (www.mauersegler-berlin.de; Mai–Okt. tgl. 14.00–2.00 Uhr).

BIERGARTEN

Der € **Prater** ist eine der beliebtesten Freiluftoasen im Zentrum der Hauptstadt. Hier sitzt man im Sommer unter Kastanien und genießt süffiges „Praterpils". Kleine Imbisskarte (Kastanienallee 7; April–Sept. bei schönem Wetter tgl. ab 12.00 Uhr).

INFORMATION

Tourist-Information, Maschinenhaus der KulturBrauerei, Schönhauser Allee 36, Tel. 030 44 35 21 70, www.tic-berlin.de

Friedrichshain

Party und Punk, beides findet man in Friedrichshain, einem früheren Kleine-Leute-Revier. Rund um die Simon-Dach-Straße wird bis in die Nacht hinein gefeiert und konsumiert, in der Rigaer Straße kämpft die Hausbesetzerszene gegen „Mietwucher und Kapitalismus". Im Rest des Stadtteils geht es immer noch relativ ent-

Wasserfall im Viktoriapark (links oben). Beim Karneval der Kulturen (links unten). Blick nach Treptow von der Oberbaumbrücke (oben)

spannt zu. Die Immobilienbranche liegt aber schon auf der Lauer – Friedrichshain soll der neue Prenzlauer Berg werden, heißt es.

SEHENSWERT

Der 6 **Volkspark Friedrichshain** ist der älteste Park Berlins. Er wurde 1840 anlässlich des 100-jährigen Thronjubiläums von Friedrich dem Großen eröffnet. Wahrzeichen des beliebten Parks ist der Märchenbrunnen am westl. Eingang. Im Zweiten Weltkrieg wurden im Park zwei Flakbunker errichtet; deren Ruinen und weiterer Kriegsschutt bildeten die Grundlage für den 78 m hohen **Großen Bunkerberg,** im Volksmund Mont Klamott genannt.

Auf der fast 2 km langen und 90 m breiten 7 **Karl-Marx-Allee** fanden zu DDR-Zeiten die großen Paraden und Aufmärsche statt. Die Wohnblöcke beiderseits wurden in den 1950er-Jahren zum Teil von Freiwilligen im stalinistischen Zuckerbäckerstil erbaut. Wer mitmachte, erhielt je nach Arbeitseinsatz Lose für die Zuteilung einer Wohnung. Die repräsentativ-sozialistische Prachtmeile, die bis 1961 Stalin-Allee hieß, war Kulisse des Arbeiteraufstands am 17. Juni 1953, der bekannterweise von sowjetischen Panzern niedergeschlagen wurde.

Die 9 **Oberbaumbrücke** (1894–1896) mit ihren beiden Türmen gilt vielen als die schönste Brücke der Stadt. 1945 während der Schlacht um Berlin gesprengt und zunächst notdürftig repariert, wurde sie nach der Wende nach Plänen des Architekten Santiago Calatrava renoviert und verbindet Friedrichshain mit Kreuzberg. Von der Brücke aus kann man in der Spree die Statue der **Molecule Men** (1999) erkennen; die Drei-Personen-Skulptur des amerikanischen Künstlers Jonathan Borofsky symbolisiert die drei Ortsteile Kreuzberg, Treptow und Friedrichshain, die an dieser Stelle aneinandergrenzen. Die benachbarte **East Side Gallery** ist das längste erhaltene Teilstück der Berliner Mauer und heute mit einer Gesamtlänge von 1,3 km größtes Kunstwerk der Stadt. 1990 wurde das Mauerstück von 118 Künstlern aus 21 Ländern bemalt. Gegenüber der Gallery liegt die **Mercedes Benz Arena**, die größte Mehrzweckarena der Stadt mit Plätzen für über 15 000 Besucher.

ERLEBEN

Der Flohmarkt am 8 **Boxhagener Platz** ist ein idealer Ort für Schnäppchenjäger (So. 10.00 bis 18.00 Uhr). Am Platz liegen zahllose Cafés, so dass man den Bummel jederzeit zur Stärkung unterbrechen kann.

INFORMATION

Tourist-Servicepoint, Gärtnerstraße 12/ Boxhagener Platz, 10245 Berlin, Tel. 030 29 77 47 86

Kreuzberg

„Kreuzberger Nächte sind lang." Das waren sie zu Mauerzeiten, und sie sind es jetzt umso mehr. Denn das ebenfalls in der zweiten Hälfte des 19. Jh. für das immer größer werdende Arbeiterheer Berlins angelegte Wohnviertel ist ein Wendegewinnler. Aus einer Randlage, an drei Seiten eingeklemmt von der DDR-Grenze, ist Kreuzberg ins Herz Berlins gerückt. Als Ausgeh-Location war Kreuzberg früher bei eher alternativer Klientel gefragt, heute sind hier ebenso die „etablierteren" Partygänger unterwegs.

SEHENSWERT

Die beliebteste Ausgehgegend in Kreuzberg ist der 13 **Bergmannkiez** mit der gleichnamigen Straße als Zentrum. Hier steht auch die Marheineke-Markthalle (s. auch S. 77).
In der Nähe und nördl. vom Flughafen Tempelhof liegt der **Viktoriapark** (westl. außerhalb der Detailkarte, s. Karte S. 62) mit dem 66 m hohen namengebenden Kreuzberg. Von dessen Spitze hat man – am Fuß des von Schinkel erbauten Nationaldenkmals (bis 1821) zur Erinnerung an die Befreiungskriege 1813 bis 1815 – den besten Blick über den Kiez.

MUSEEN

Das 14 **Jüdische Museum** ist stolz auf eines der spektakulärsten Museumsgebäude weltweit. Geschaffen von Daniel Libeskind, soll das 1999 eröffnete Bauwerk an einen zerschlagenen Davidstern erinnern. Das Berliner Museum ist das größte seiner Art europaweit und befasst sich auch ausführlich mit dem Holocaust. Die Ausstellung geht aber auch auf viele Aspekte der langen deutsch-jüdischen Geschichte ein (Lindenstraße 9, www.jmberlin.de; tgl. 10.00–20.00 Uhr).

Im ehem. Hauptquartier der Gestapo von 1933 bis 1945 ist die Ausstellung 15 **Topographie des Terrors** (s. auch Karte S. 40) untergebracht, in der an die Schreckensherrschaft der Nationalsozialisten erinnert wird (Niederkirchnerstraße 8, www.topographie.de; tgl. 10.00 bis 20.00 Uhr, empfehlenswerter Audioguide). Im benachbarten **Martin Gropius Bau**, 1881 im Neorenaissance-Stil erbaut, finden regelmäßig bedeutende Wechselausstellungen statt

Tipp

Für Großstadtromantiker

Auf der Modersohnbrücke treffen sich die Großstadtromantiker im Sommer zum Sonnenuntergang. Von der unscheinbaren Stabbogenbrücke im Bezirk Friedrichshain bietet sich ein freier Blick auf die Stadtsilhouette mit dem Fernsehturm im Zentrum. Die letzten Sonnenstrahlen werden von den Gleisen der S-Bahn, die unter der Brücke hindurch fährt, reflektiert. Das Rattern der Züge ersetzt das Zwitschern von Vögeln. Berlingefühl pur!

INFORMATION

Die Modersohnbrücke liegt in der Mitte zwischen den beiden S-Bahn-Stationen Warschauer Brücke und Ostkreuz

Nicht nur in Kreuzberg, auch in „Prenzlberg", Friedrichshain und Neukölln sind die Nächte lang!

(Niederkirchnerstraße 7, www.gropiusbau.de; Mi.–Mo. 10.00–19.00 Uhr).
Das **Deutsche Technikmuseum** (westl. vom Halleschen Tor außerhalb der Detailkarte) ist schon von weitem zu erkennen, denn auf dem Dach begrüßt ein „Rosinenbomber" (Douglas C-47B Skytrain) die Besucher. Innen erwarten ihn Luft- und Schifffahrt, Straßenfahrzeuge und Eisenbahngeschichte, Nachrichten- und Textiltechnik, eine Erinnerung an einen für Berlin einst wichtigen Wirtschaftszweig (Trebbiner Straße 9, www.sdtb.de; Di.–Fr. 9.00–17.30, Sa. und So. 10.00–18.00 Uhr).

ERLEBEN
Beim Straßenumzug des **Karneval der Kulturen** TOPZIEL zeigt Kreuzberg sein Multikulti-Gesicht (www.karneval-berlin.de; Pfingsten).

Neukölln

Dank dem ehem. Bezirksbürgermeister Heinz Buschkowsky hat es Neukölln vermutlich zum bekanntesten Stadtteil Deutschlands gebracht. Ein Problembezirk ist Neukölln allemal, allerdings wird bei aller Kritik oft vergessen, dass einige Teile, wie beispielsweise der Reuterkiez, eine durchaus positive Entwicklung hinter sich haben. Neukölln hat lange Migrationstradition: Bereits im 18. Jh. siedelten in Rixdorf, so der Ortsname bis 1912, wegen ihres Glaubens vertriebene evangelische Böhmen.

SEHENSWERT
Neben den türkisch geprägten und lebhaften Ecken hat Neukölln auch ruhigere Seiten. Im **Böhmischen Dorf,** dem historischen Kern des alten Kiezes, geht es rund um den **Richardplatz** fast beschaulich zu. Am südöstl. der Hasenheide gelegenen Platz (außerhalb der Detailkarte) stehen noch die Häuser einiger alter Handwerksbetriebe, wie eine Schmiede und ein Kutschenverleih. Beliebt sind auch die Restaurants rund um den Platz. Geschäftig ist die Stimmung am Markt am (11) **Maybachufer** (Di., Fr. 11.00–18.30 Uhr). Weil dort vor allem Menschen türkischer Herkunft kaufen und verkaufen, kommt man sich dort vor, als wäre man in Istanbul unterwegs. Etwas ruhiger geht es am anderen Ufer des Landwehrkanals zu – hier auf der Kreuzberger Seite, entspannt man sich in den Cafés am **Paul-Lincke-Ufer.**
Die (12) **Hasenheide,** der große Park im Kiez, ist zwar auch Drogenumschlagplatz. Das weitläufige Gelände ist aber trotzdem bei Spaziergängern und Picknickfreunden beliebt. 1811 hatte „Turnvater" Friedrich Ludwig Jahn in der Hasenheide den ersten Platz zur körperlichen (Wehr-)Ertüchtigung gegründet – in „Vorbereitung auf den Befreiungskrieg" vom napoleonischen Frankreich.
Im Neuköllner Ortsteil Britz entstand zwischen 1915 und 1930 u. a. nach Plänen des Architekten Bruno Taut die **Hufeisensiedlung** als eines der ersten Projekte des sozialen Wohnungsbaus (südl. außerhalb der Detailkarte). Die UNESCO-Welterbestätte gilt als beispielhaft für den Stil des sogenannten Neuen Bauens.

Genießen Erleben Erfahren

DuMont Aktiv

Die Stadt im Ohr

Immer öfter sieht man in Berlin Touristen, die mit dem Kopfhörer am Ohr durch die Stadt ziehen – sie hören nicht Musik, sondern lassen sich von einem Audioguide durch die Stadt führen.

Am häufigsten wird der Hörspaziergang durch den Stadtteil Mitte nachgefragt. Zwei Stunden lang führt der Audioguide von „Stadt im Ohr" durch das historische Zentrum der Stadt. Steven gefällt's. Der junge Engländer aus Bristol kann zwar ein paar Worte auf Deutsch, doch um an einer Stadtführung teilzunehmen, reicht es nicht. Da ist es praktisch, dass er diesen Stadtrundgang in seiner Muttersprache bekommen kann. Angefangen hat Steven seinen Rundgang bei „ausberlin", einem Szeneladen in der Nähe des Alexanderplatzes, in dem man in Berlin hergestellte Produkte kaufen kann. Hier hat er seinen Audioguide ausgeliehen und ist jetzt in Richtung Fernsehturm und Museumsinsel unterwegs. Im Prinzip funktionieren die Stadtführungen überall gleich. Ob in Friedrichshain, Wedding oder Friedenau: Man leiht den Audioguide an einem zentralen Punkt des Stadtteils aus und ist damit dann zwei bis drei Stunden auf eigene Faust unterwegs.

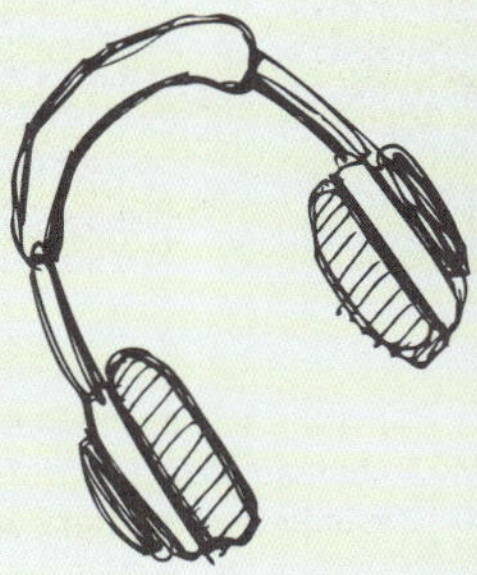

Im Gegensatz zu einem menschlichen Stadtführer ist der Audioguide geduldig. Man kann ihn zwischendurch auch zum Schweigen bringen – um eine Kaffeepause zu machen beispielsweise. Der größte Vorteil ist aber, dass man Touren mit Audioguide spontan antreten kann – Vorausbuchungen sind nicht nötig. Und wem selbst das ein zu großer Aufwand ist, der probiert die Stadtrundgänge einfach mit der Smartphone-App.

Information

stadt im ohr – urban sounds to go, Tobias Kley & Ruben Kurschat, Rudolfstraße 11, 10245 Berlin, Tel. 030 20 07 88 41, www.stadt-im-ohr.de
Ausleihstationen: Stadtrundgang Mitte: Kaufhaus ausberlin, Karl-Liebknecht-Straße 17 (Mo.–Sa. 11.00–19.00 Uhr)
Stadtrundgang Friedrichshain: Cocktailian, Karl-Marx-Allee 72 (Mo.–Fr. 14.00–20.00, Sa. 10.00–16.00 Uhr)
Stadtspaziergang „DDR-Architektur" durch Friedrichshain: Conciergedienst im Hochhaus am Platz der Vereinten Nationen 1 (tgl. durchgehend)
Stadtrundgang Friedenau: Süßkramdealer, Varziner Straße 4 (Mo.–Fr. 9.00–19.00, Sa./So. 10.00–19.00 Uhr)

Wald und Seen mitten in der Stadt

„Pack die Badehose ein, nimm dein kleines Schwesterlein. Und dann nischt wie raus nach Wannsee. Ja, wir radeln wie der Wind durch den Grunewald geschwind. Und dann sind wir bald am Wannsee ...“ Der Berliner hat seit jeher ein inniges Verhältnis zu Grün und Wasser. Deshalb sind im Südwesten Berlins die wohlhabenderen Stadtteile zu finden. Hier stehen großzügige Villen – in der Nachbarschaft zum Grunewald, flankiert von der sich zu Seen ausdehnenden Havel.

Der Wannsee ist ein sommerlicher Wassersportmagnet

Wenn der Wald rundum nicht wäre – über dem Strandbad Wannsee liegt ein Hauch von Ostsee

In keiner Metropole der Welt ist der Sommer so schön wie in Berlin – so sehen es die Berliner jedenfalls.

„Pack die Badehose ein, nimm dein kleines Schwesterlein ..." Das Lied, das die junge Conny Froboess Anfang der 1950er-Jahre trällerte, gilt auch heute noch für die Berliner. Zu ihren Gewässern haben die Hauptstädter eine innige Bindung. Wobei in der Regel immer noch streng nach sozialer Herkunft gebadet wird. Während die Bewohner aus dem Osten der Stadt zum Müggelsee hinausfahren, zieht es die Westberliner an den Wannsee oder, wenn der Ausflug kleiner ausfallen soll, zum Schlachtensee oder an die Krumme Lanke. Berliner mit Hund, und das sind nicht wenige, wählen den Grunewaldsee als Badeziel. Dort dürfen die vierbeinigen Freunde nach Herzenslust herumtollen und sie haben sogar einen eigenen Badestrand.

Die Sauberkeit des Sees lässt bei so viel Hund aus Sicht mancher aber zu wünschen übrig. Deswegen wird regelmäßig diskutiert, ob man auch hier die Hunde an die Kandare nehmen sollte. Anders im „Restaurant Paulsborn" am Grunewaldsee – es nennt sich inzwischen Hunderestaurant. Was bedeutet, dass Mensch und Tier gleichermaßen bedacht werden. Während Herrchen oder Frauchen ins Wiener Schnitzel beißen, kann der Liebling der Familie am Knurpsel-Geweih nagen.

Ostseesand am Wannseestrand

Zwar hat man in Berlin kein Meer vor der Haustür, aber im Stadtgebiet und im Umland liegen unzählige Seen. Was nur die wenigsten wissen – Berlin ist ein Paradies für Motorbootfreunde, für Segler und für Kanuten. Statistiker wollen sogar errechnet haben, dass Berlin die wasserreichste Hauptstadt Europas ist. Doch zurück zum Wannsee, der ja im Prinzip nichts weiter ist als eine große Bucht in der Havel. Das dortige Freibad – auch heute noch eines der größten Europas – wurde bereits 1907 eröffnet und war eigentlich eine „Notaktion" der Obrigkeit. Die Menschen badeten nämlich in den heißen Sommern immer öfter einfach so in den Berliner Seen. Soviel Schamlosigkeit sollte aber nicht sein – wenn schon Knie zu sehen war, dann zumindest versteckt hinter der Bretterwand eines streng nach Geschlechtern trennenden Bades. Dass es Bedarf für ein Freibad gab, bestätigte sich den Verantwortlichen bereits am Tag der Eröffnung – 200 000 Menschen stiegen da in die Fluten. Heute kommen an warmen Sommertagen rund 10 000 Badefreunde an den See und aalen sich im heißen Ostseesand. Der Sand am Ufer des Wannsees wird nämlich güterwagenweise aus Travemünde herangekarrt.

Berlin schätzt die Wassertouristen und empfiehlt Bootsbesitzern, die Stadt auf eigenem Kiel zu besuchen

Hauptsache gut gelaunt: Besucherinnen im Strandbad Wannsee

Für Freunde des kühlen Nass': Schlachtensee und Biergarten „Fischerhütte"

25 Sommer verbrachte der impressionistische Künstler Max Liebermann in seinem „Schloss am See". In dem Grün am Wannsee entstanden unzählige Gartenbilder

Mit mediterranem Touch: Heilandskirche an Sacrows Havel

Im Dritten Reich von den Nationalsozialisten verfemt, versucht das Museum Liebermann-Villa eine Wiedergutmachung für den Künstler

Heilandskirche im Sacrower Schlosspark: Bauherr König Friedrich Wilhelm IV. hatte ein Faible für die italienische Bauweise

Nicht auf den ersten Blick zu entdecken: An der Havel reihen sich Kostbarkeiten wie die Pfaueninsel, die Heilandskirche und Liebermanns Sommergarten.

Für den Maler Max Liebermann, der sich 1920 hier niederließ und dessen Villa man heute am Westufer besuchen kann, war der Wannsee offenbar auch eine Quelle der Inspiration. Mehr als 200 Ölbilder und ebenso viele Grafiken mit Motiven vom See und seiner Umgebung gehören zu Liebermanns Werk.

Als Ruine erbaut

Mitten in der Havel liegt ein paar Meter vom Ufer entfernt die Pfaueninsel. Benannt ist die eineinhalb Kilometer lange und einen halben Kilometer breite Insel nach den dort lebenden, freilaufenden Pfauen. Diese passen gut ins Bild, denn man hat auf der Insel das Gefühl, sich durch eine Märchenlandschaft zu bewegen. Das Schlösschen war Ende des 18. Jahrhunderts im Ruinenstil erbaut worden. Damals stand man auf „romantisch" – die beiden Türme sind durch eine Brücke miteinander verbunden, und man kann sich gut vorstellen, wie dort ein königliches Liebespaar gemeinsam und versonnen in den Sonnenuntergang blickte.

Der UNESCO hat das Lustschloss samt seinem Park im englischen Stil, seinerzeit gestaltet vom preußischen Gartenkünstler Peter Joseph Lenné, wohl auch gefallen, denn sie hat die Insel gleich nach der Wende in ihren Weltkulturerbeschatz aufgenommen.

Naturgenuss im Gemeinschaftsgarten auf dem Tempelhofer Feld (links) und im Tropenhaus des Botanischen Gartens (rechts)

Die weiten Rollbahnen des Tempelhofer Felds sind ideal zum Inlinekiten

Spontaner Sundowner vor den Bauten des früheren Flughafens Tempelhof mit seinem Radarturm

Die Zitadelle von Spandau, eine eindrucksvolle Renaissancefestung, wird vom mittelalterlichen Juliusturm überragt

Special

Teufelsberg

Ein Berg aus Schutt

Am Ende gewann der Österreicher Leonhard Stock. Der Teufelsberg war im Dezember 1986 sogar Austragungsort eines Weltcup-Parallelslaloms. 15 000 Zuschauer jubelten den Athleten zu.

Berge in Berlin? Natürlich! Aber die meisten von ihnen sind jüngeren Datums. Sie „entstanden" nämlich erst nach 1945 – als Trümmerberge. Heute sind sie, längst bewachsen, beliebte Ausflugsziele. Der Teufelsberg in Zehlendorf ist einer und mit 120 Metern die zweithöchste Erhebung der Stadt. Im Sommer kommen Spaziergänger, Modellflugfreunde, Picknickliebhaber und sogar Gleitschirmflieger hierher. Mountainbiker stürzen sich auf kurzen, aber durchaus anspruchsvollen Waldwegen den Hang hinab. Auf der Straße, die zum Teufelsberg hinaufführt, sind die hippen Longboarder unterwegs. An klaren Tagen kann man die ganze Stadt von West bis Ost überblicken, und deswegen versammelt sich hier in der Silvesternacht halb Berlin, um das Feuerwerk zu bestaunen. In den 1970er-Jahren war der Teufelsberg sogar ein „Weinanbaugebiet" – ein wirklicher Genuss scheint das „Wilmersdorfer Teufelströpfchen" nicht gewesen zu sein. Zu Zeiten des Kalten Krieges diente der Teufelsberg als Lauschposten der Amerikaner – sie überwachten von hier den Funkverkehr in der DDR. An diese Zeit erinnern noch die Ruinen der Radaranlage mit ihren weißen Kuppeln.

Im Grunewald ist Holzauktion

Zum Spaziergang ist der Westberliner gern im Grunewald unterwegs. Der ist 3000 Hektar groß, was ungefähr 4500 aneinandergereihten Fußballfeldern entspricht. Weil der Mensch beim Wandern ein Ziel braucht, ist der Grunewaldturm so beliebt. Der steht auf dem 86 Meter hohen Karlsberg und bietet von seiner Aussichtsplattform in 36 Metern Höhe den perfekten Weitblick über den Forst und die Havel. Ursprünglich hieß das 1899 zu Ehren des Kaisers errichtete Gebäude Kaiser-Wilhelm-Turm, erst seit der Nachkriegszeit nennt man ihn ganz bescheiden Grunewaldturm.

2015 hat sich der Grunewald sogar einen Preis verdient. Der Bund Deutscher Forstleute zeichnete ihn als Waldgebiet des Jahres aus, unter anderem, weil es hier besonders gut gelingt, „die hohe Besucherzahl von mehreren Millionen Waldspaziergängern pro Jahr mit Naturschutz und Forstnutzung in Einklang zu bringen". Dabei war der Grunewald immer schon auch ein Nutzwald. Die Holzauktionen, die Ende des 19. Jahrhunderts dort stattfanden, um Platz für eine bis heute bevorzugte Villenkolonie zu schaffen, gaben das Vorbild für den damaligen Berliner Gassenhauer „Im Grunewald, im Grunewald ist Holzauktion …"

Die schönsten Strandbars

Die Zehen im Sand

Ein bisschen Südseefeeling in der Hauptstadt? Warum denn nicht? Auch in Berlin gibt es gleich mehrere Dutzend Bars in Strandlage. Die besten und beliebtesten Anlaufstellen für entspannte Sommerabende stellen wir hier vor.

1 Strandbar Mitte

Dem Bodemuseum gegenüber und direkt an der Spree liegt die „Strandbar Mitte". Hier kann man es sich im Liegestuhl gemütlich machen und mit einem Bier oder Cocktail in der Hand auf das Weltkulturerbe Museumsinsel schauen. Oder man sitzt am Biertisch und stärkt sich an der legendären Holzofenpizza. Der Klassiker unter den Berliner Strandbars ist inzwischen viel mehr als nur ein Ort zum gemütlichen Abhängen – man kann auch täglich, gutes Wetter vorausgesetzt, unter freiem Himmel das Tanzbein schwingen. Jeden Abend steht ein anderer Tanz im Mittelpunkt. Alternativ führt das Monbijou-Theater gleich nebenan im Sommer Klassiker in modernem Gewand auf.

Strandbar Mitte, Monbijou-Park (Zugang über Monbijoustraße), www.strandbar-mitte.de; Website wird auf die Website des Theaters weitergeleitet, dort sind alle Informationen erhältlich; tgl. ab 10.00 Uhr
Monbijou-Theater, Ticket-Tel. 030 288 86 69 99, www.monbijou-theater.de

2 Café am Neuen See

Lage, Lage, Lage. Die Kriterien, die Makler beim Kauf einer Immobilie anlegen, erfüllt auch das Café am Neuen See: Wassergrundstück in zentraler Lage. Im Biergarten sitzt man unter schattigen Bäumen direkt am See. An warmen Sommertagen gibt es kaum einen besseren Ort, um den Tag ausklingen zu lassen. Das Angebot an Speisen reicht vom bayerischen Leberkäse bis zur obligatorischen Pizza. Alles gut, aber nichts überragend und zudem etwas zu teuer. Wer die Kalorien gleich wieder abarbeiten will, mietet sich einen Kahn und bricht zu einem kleinen Ausflug über den Neuen See auf.

Café am Neuen See, Lichtensteinallee 2, Tel. 030 254 49 30, www.cafeamneuensee.de; Mo.–Fr. ab 12.00, Sa. und So. ab 10.00 Uhr

3 Yaam Club

Yaam ist die Abkürzung für Young African Art Market. Die Strandbar wird von einem Verein betrieben, der sich für multikulturelle Begegnung und Integration einsetzt. Das weitläufige Gelände wirkt ein bisschen wie ein Abenteuerspielplatz für Erwachsene – seinen Drink kann man im Liegestuhl einnehmen, oder man sucht sich ein Plätzchen an der Kaimauer. Das Yaam veranstaltet regelmäßig Partys, Konzerte und Workshops.

Yaam-Club, An der Schillingbrücke 3, Tel. 030 615 13 54, www.yaam.de; tgl. ab 11.00 Uhr

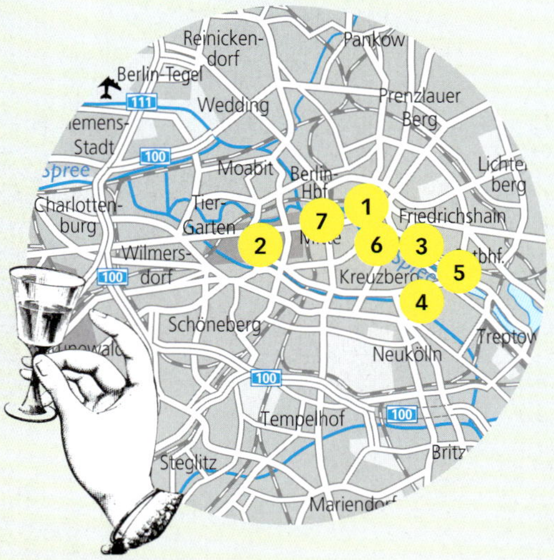

4 Klunkerkranich

Kraniche zieht in die Weiten des Himmels, deswegen hat sich der „Klunkerkranich" auch auf dem Dach der Neukölln Arcaden niedergelassen. Hier ist zwar kein Wasser in der Nähe, wie man es von einer Strandbar eigentlich erwarten sollte, aber ein paar Quadratmeter Sand gibt es trotzdem – ansonsten genießt man einen Weitblick über Berlin, der seinesgleichen sucht.

Klunkerkranich, Karl-Marx-Straße 66 (Eingang Bibliothek/Post, dann mit dem Fahrstuhl in die 5. Etage zum Parkdeck), www.klunkerkranich.org; Mai–Sept. tgl. 12.00–2.00, März, April, Okt. Mi.–Fr. 16.00–20.00, Sa./So. 12.00–2.00 Uhr

5 Badeschiff

Ein ganz besonderer Ort ist das Badeschiff, das vor der Arena in Treptow in der Spree liegt. Zum Schwimmen ist die Spree nicht sauber genug und während der meisten Monate auch zu kalt. Die Lösung: ein Schwimmbad direkt im Fluss. Der Pool ist nichts anderes als ein alter, zu einem Schwimmbad umfunktionierter Frachtkahn. Eine Bar gibt es natürlich auch, denn das Badeschiff ist auch als Party- und Flirtlocation absolut in!

Badeschiff, Eichenstraße 4, Tel. 0162 5 45 13 74, www.arena.berlin; Anfang Mai bis Sept. tgl. 8.00–24.00 Uhr

6 Gestrandet an der Jannowitzbrücke

Direkt am Schiffsanleger und an der S-Bahn liegt die kleine Strandbar mit dem berlinerisch-verrückten Namen „Gestrandet an der Jannowitzbrücke". Man sitzt auf den Stufen, die zur Spree hinabführen, und auf Bierbänken, oder man lümmelt entspannt im Liegestuhl. Wegen der zentralen Lage ist diese Strandbar der ideale Ort für eine Pause auf dem Stadtrundgang. Kleine Gerichte sorgen dafür, dass man nicht hungrig weiterziehen muss. Am manchen Abenden legen DJs auf.

Gestrandet an der Jannowitzbrücke, Rolandufer, Tel. 0179 2 31 37 32; tgl. ab 10.00 Uhr

7 Capital Beach

Der „Capital Beach" liegt direkt am Hauptbahnhof. Man sitzt schön und sonnig, das geschäftige Regierungsviertel im Rücken am Ufer der Spree und lässt die Ausflugsdampfer unermüdlich auf und ab fahren. Wegen der zentralen Lage oft sehr voll.

Capital Beach, Ludwig-Erhard-Ufer, Hauptbahnhof (Ausgang Reichstag), Tel. 0163 5 65 41 23; tgl. von früh bis spät

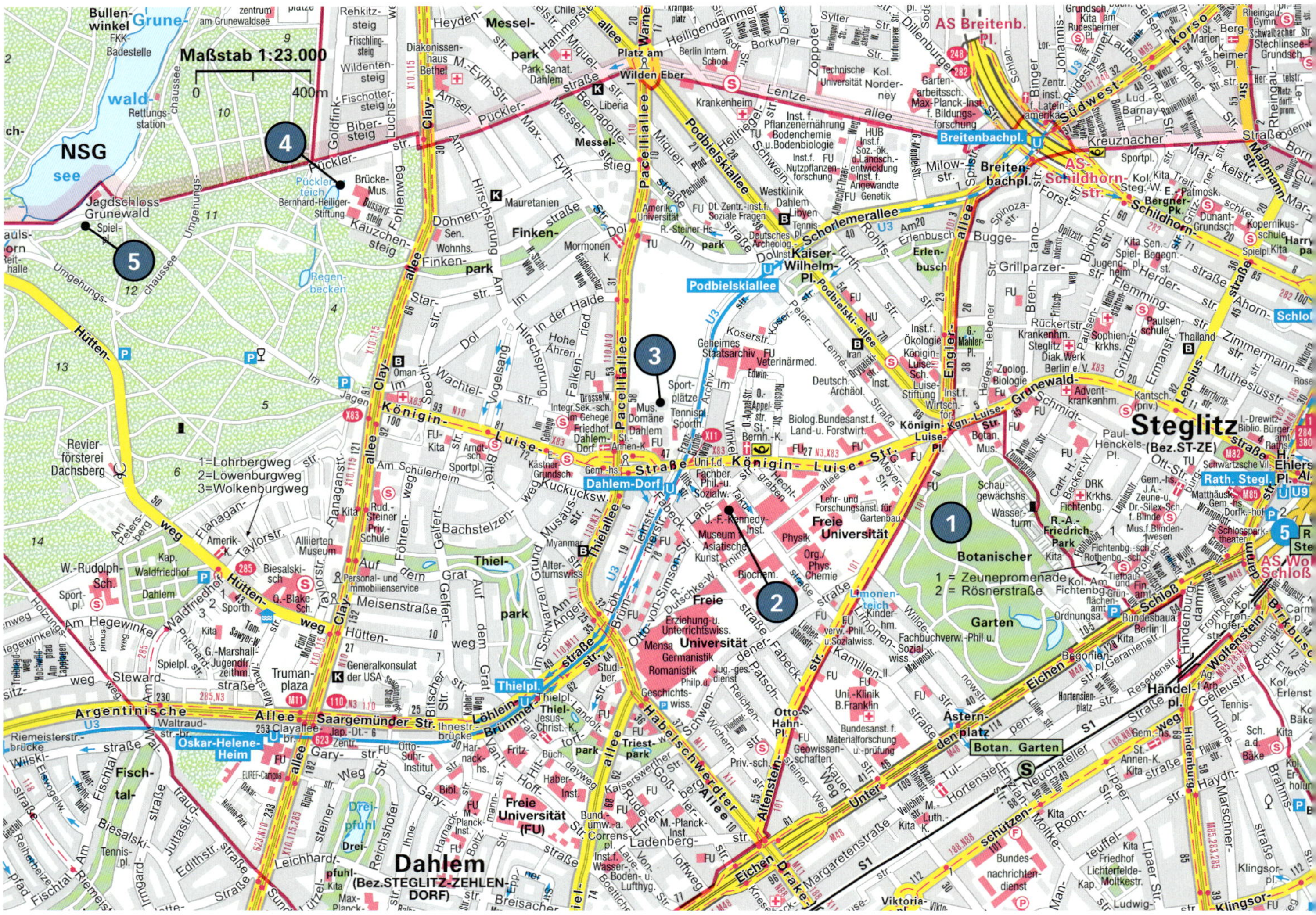
Maßstab 1:23.000
0
400m
NSG
Grunewaldsee
Jagdschloss Grunewald
1=Lohrbergweg
2=Lowenburgweg
3=Wolkenburgweg
Dahlem-Dorf
Podbielskiallee
Breitenbachpl.
Steglitz (Bez.ST-ZE)
Rath. Stegl.
Freie Universität
Botanischer Garten
1 = Zeunepromenade
2 = Rösnerstraße
Botan. Garten
Oskar-Helene-Heim
Thielpl.
Freie Universität (FU)
Dahlem (Bez.STEGLITZ-ZEHLEN-DORF)
Königin-Luise-Straße
Argentinische Allee
Clayallee
Saargemünder Str.
1
2
3
4
5
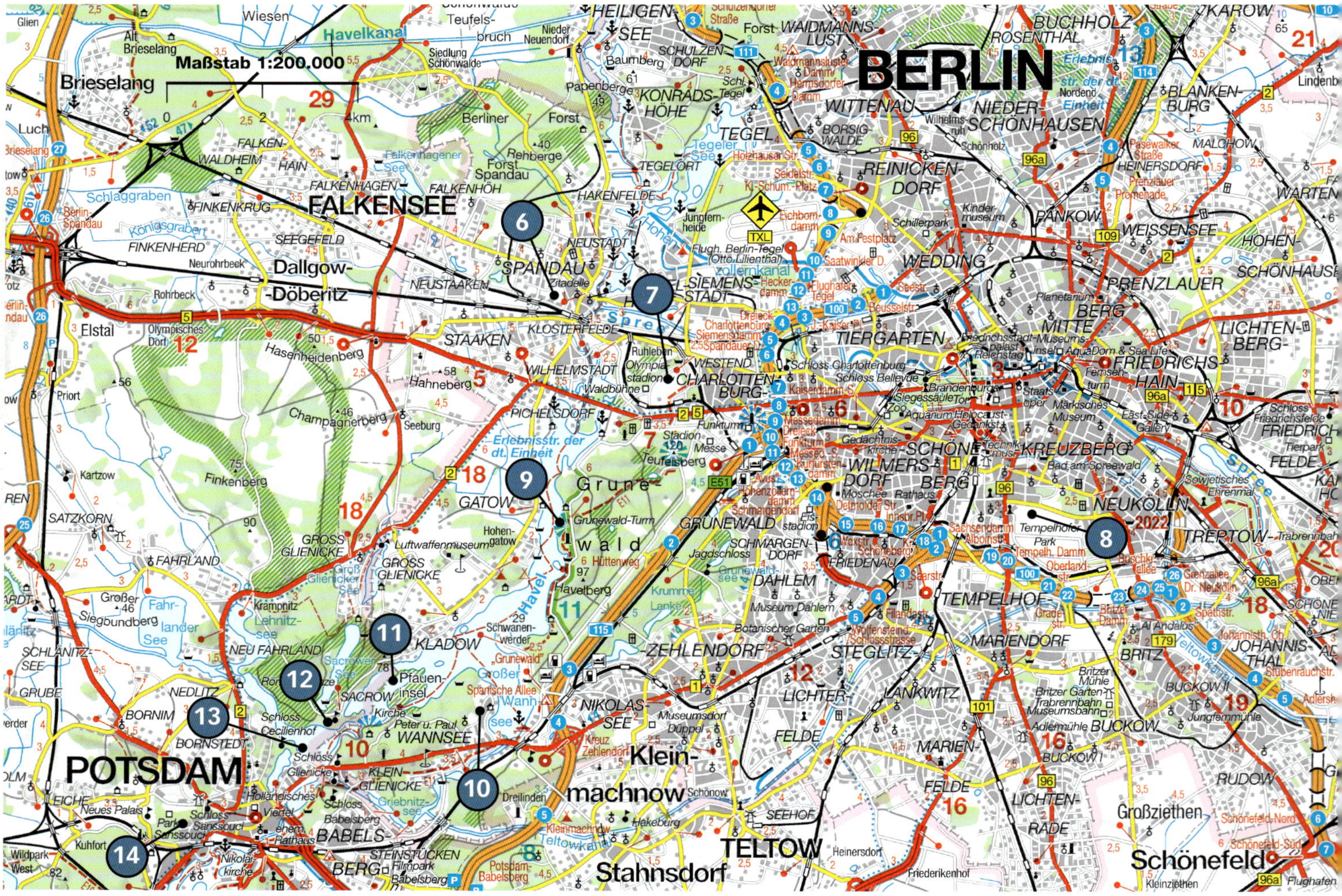
Maßstab 1:200.000
0
4km
BERLIN
Brieselang
FALKENSEE
Dallgow-Döberitz
SPANDAU
SIEMENSSTADT
CHARLOTTENBURG
TIERGARTEN
WEDDING
REINICKENDORF
PANKOW
WEISSENSEE
PRENZLAUER BERG
MITTE
FRIEDRICHSHAIN
KREUZBERG
SCHÖNEBERG
WILMERSDORF
NEUKÖLLN
TREPTOW
TEMPELHOF
MARIENDORF
STEGLITZ
ZEHLENDORF
DAHLEM
Grunewald
WANNSEE
POTSDAM
BABELSBERG
Kleinmachnow
TELTOW
Stahnsdorf
Schönefeld
LICHTERFELDE
MARIENFELDE
BRITZ
GATOW
KLADOW
TEGEL
WITTENAU
1
2
3
4
5
6
7
8
9
10
11
12
13
14

Hinaus zu Schlössern und Villen

Im Südwesten liegen die wohlhabenderen Stadtteile Berlins. In Zehlendorf, Dahlem, Grunewald und Nikolassee zeugen vielerorts beeindruckende Villen von gut gefüllten Bankkonten. Früher waren alle eigenständige Stadtteile, heute gehören sie zum Bezirk Steglitz-Zehlendorf.

Dahlem

Über Jahrhunderte ein Bauernnest, prägen den 1920 eingemeindeten Stadtteil heute Villen und Parks, Teile der 1948 gegründeten Freien Universität Berlin, das Museumszentrum Berlin-Dahlem und der Botanische Garten, der größte Deutschlands.

SEHENSWERT

Der 1 **Botanische Garten** gehört zu den größten der Welt. Hier wachsen mehr als 20 000 Pflanzenarten. Herzstück der Anlage ist das Große Tropenhaus (Königin-Luise-Straße 6, www.bgbm.org; tgl. 9.00–20.00 Uhr, Gewächshäuser bis 19.00, Museum tgl. 9.00–19.00 Uhr). Bei Familien beliebt ist die 3 **Domäne Dahlem.** Das ehem. Rittergut (Urspr. wohl 14. Jh.) ist heute ein Freilandmuseum für Agrar- und Ernährungskultur, in dem Stadtkinder noch „richtige" Tiere sehen können. Viel besucht werden die im Jahresverlauf hier gefeierten Feste, u. a. der Weihnachtsmarkt und das Frühlingsfest. Handwerkern kann man über die Schulter schauen (Königin-Luise-Straße 49, www.domaene-dahlem.de; Museum und Herrenhaus Mi.–So.10.00–17.00 Uhr). Sa. findet ein Ökomarkt statt (8.00–13.00 Uhr).

MUSEEN

Die 2 Dahlemer Museen **Museum für Alltagskultur und Kulturgeschichte in Europa,** das weltweit bedeutende **Ethnologische Museum** und das **Museum für Asiatische Kunst** ziehen 2019 in das Humboldt Forum im wiedererbauten Stadtschloss (siehe dazu S. 41) um. Bis dahin sind die Ausstellungen nur zum geringen Teil in anderen Berliner Museen zu sehen. Wie der Museumsstandort Dahlem nach dem Umzug genutzt werden soll, ist bis dato unklar.
Das 4 **Brücke Museum** bietet die weltweit umfangreichste Sammlung der gleichnamigen expressionistischen Malervereinigung, der u. a. Max Pechstein, Ernst Ludwig Kirchner und Karl Schmitt-Rotluff angehörten. Sie umfasst rund 400 Gemälde, Tausende von Handzeichnungen, Aquarellen und Originalgrafiken (Bussardsteig 9, www.bruecke-museum.de, Mi.–Mo. 11.00 bis 17.00 Uhr).

Grunewald

Als der Kurfürstendamm Ende des 19. Jh. zum Prachtboulevard ausgebaut wurde, entstand an seinem westl. Ende die Villenkolonie Grunewald, nachdem das sumpfige Waldgelände trockengelegt worden war. Ohne diese Bebauung hätte die Prachtstraße im Nichts geendet. Bald siedelten hier Bankiers, Unternehmer und Professoren. Und Künstler und Schriftsteller – solche, die es zu etwas gebrachte hatten. Ab 1933 mussten viele Bewohner der Villenkolonie fliehen – als Juden war ihr Leben bedroht.
Die Liste der Berühmtheiten ist lang: Der ehem. deutsche Außenminister Walther Rathenau (Koenigsallee 65) wohnte hier ebenso wie der Physiker Max Planck (Wangenheimstraße 21), die Schriftsteller Gerhart Hauptmann (Trabener Straße 54 und Hubertusallee), Vicki Baum (Koenigsallee 43–45) und Lion Feuchtwanger (Regerstraße 8), die Schauspieler Johannes Heesters (Hubertusbader Straße 16) und Gustaf Gründgens (Hagenstraße 31a). Nach 1945 kamen Harald Juhnke – er lebte hier bis zu seinem Tod 2005 (Richard-Strauss-Straße 26, Lassenstraße 1) –, Hildegard Knef (Bettinastraße 12, Brahmsstraße 12) und Ingeborg Bachmann (Hasensprung 2 und Koenigsallee 35). 1966–1968 beherbergte die Winkler Straße 22 Romy Schneider; sie bezeichnet ihre Grunewalder Zeit später als die „schönsten, glücklichsten und heilsten Jahre" ihres Lebens.

SEHENSWERT

Mitten im Grunewald liegt auf dem Karlsberg der 55 m hohe 9 **Grunewaldturm,** 1899 erbaut. Die Aussichtsplattform, die einen wunderbaren Blick auf die Havellandschaft bietet, erreicht man über 204 Stufen (Havelchaussee 61; Turm und Restaurant tgl. ab 10.00 Uhr).
Das 1542/1543 am Ufer des Grunewaldsees erbaute 5 **Jagdschloss Grunewald** ist das älteste noch erhaltene Schloss Berlins; sein heutiges Äußeres erhielt es 1705–1708. Der urspr. Schlossname „Zum grünen Wald" war namengebend für den gesamten Grunewald. Die Gemäldesammlung im Jagdschloss umfasst

Das Ethnologische Museum verfügt über eindrucksvolle Exponate aus der Südsee (links) und aus Mittelamerika (rechts unten). Wilhelminischer Zeitgeist: Grunewaldturm (rechts oben)

fast 30 Werke von Lucas Cranach d. Ä. und dessen Sohn, außerdem deutsche und niederländische Malerei des 15. und 16. Jh. (Hüttenweg 100, www.spsg.de; April–Okt. Di.–So. 10.00 bis 17.30, Nov., Dez. und März Sa. und So. 10.00 bis 16.00 Uhr).

Tipp

Fledermäuse in der Zitadelle

Eine ganz besondere Attraktion kann man in den Katakomben der Zitadelle Spandau erleben. Hier überwintern jedes Jahr mehr als 10 000 Fledermäuse. Ende Aug. kommen die ersten Tiere an und erkunden das Winterquartier, im Sept. herrscht dann Hochbetrieb, wenn Großes Mausohr, Wasser- und Fransenfledermäuse sich auf den Winterschlaf vorbereiten. Im Fledermauskeller des Berliner Artenschutzvereins können die flatterhaften Untermieter aus nächster Nähe beobachtet werden. Abends werden Fledermausführungen angeboten, die unter fachkundiger Leitung die Tiere aufspüren.

INFORMATION
Fledermausführungen, Tel. 030 36 75 00 61 www.bat-ev.de, www.zitadelle-berlin.de; nach Voranmeldung Sept. meist Fr. und Sa.

HOTEL UND RESTAURANTS

Das €€€€ **Schlosshotel** im Grunewald ist eine luxuriöse Oase der Ruhe. Das ehemalige Herrschaftshaus – erbaut zu Beginn des 20. Jh. – liegt im exklusiven Villenviertel (Brahmsstraße 10, 14193 Berlin, Tel. 030 895 84 30, www.schlosshotelberlin.com).
Der Biergarten € **Luise** ist für viele Berliner ein festes Ziel nach einem Grunewaldspaziergang (Königin-Luise-Straße 40, Tel. 030 841 88 80, www.luise-dahlem.de). Die € **Fischerhütte,** ebenfalls mit Biergarten, ist der perfekte Zwischenstopp bei der Umrundung des Schlachtensees (Fischerhüttenstraße 136, Tel. 030 80 49 83 10, www.fischerhuette-berlin.de).

Wannsee

Um den **Wannsee** TOPZIEL und die neu entstandenen Villenkolonien mit Berlin zu verbinden, wurde 1874 die Wannseebahn in Betrieb genommen.

SEHENSWERT

Inspiriert von einer 1821 beendeten Italienreise, beschloss Prinz Carl von Preußen, jüngerer Bruder des späteren Kaisers Wilhelm I., sich mit 13 **Schloss Glienicke** seinen Traum von einer repräsentativen italienischen Villa zu erfüllen. Nach den Vorgaben des Prinzen und Entwürfen von Karl Friedrich Schinkel wurde in der Folge das Landgut Glienicke nach antiken Vorbildern zur Sommerresidenz umgebaut. Im 90 ha großen Park lohnt der Abstecher zum Casino, von dem man einen weiten Blick über die Havel hat (Königstraße 36, www.spsg.de; April–Okt. Di.–So. 10.00–17.30, Nov., Dez. Sa./So. 10.00–17.00, März Sa./So. 10.00–16.00 Uhr). Östl. des Schlosses liegt die **Glienicker Brücke,** die Berlin und Potsdam verbindet und in den Zeiten des Kalten Krieges durch öfteren Agentenaustausch bekannt wurde.

MUSEEN

Im 10 **Haus der Wannsee-Konferenz** wurde am 20. Januar 1942 von führenden Nationalsozialisten die – wie es im grausamen Jargon der Verbrecher hieß – „Endlösung der Judenfrage" beschlossen. Heute befindet sich in dem Haus eine Ausstellung, die sich mit dieser Konferenz und ihren Auswirkungen auseinandersetzt (Am Großen Wannsee 56, www.ghwk.de; tgl. 10.00 bis 18.00 Uhr).
Im ehem. Sommerhaus des impressionistischen Malers Max Liebermann (1847–1935), werden wechselnde Werke aus dem großen Bestand ausgestellt. Außerdem verfügt das Haus über Liebermann-Porträts anderer Künstler, u. a. von Oskar Kokoschka (10 **Liebermann-Villa,** Colomierstraße 3, www.liebermann-villa.de; April–Sept. Mi.–Mo. 10.00–18.00, sonst Mi.–Mo. 11.00–17.00 Uhr).

RESTAURANTS

Das € **Wirtshaus Moorlake** sieht aus, als müsste es im tiefsten Bayern stehen – aus gutem Grund. König Friedrich Wilhelm IV. hat 1840 für seine aus Bayern stammende Gemahlin Elisabeth von Wittelsbach ein Forsthaus – die Moorlake – im bayerischen Stil errichten lassen. Ab 1896 wurde das Gebäude als Gaststätte verpachtet. Drinnen geht es rustikal zu (Moorlakeweg 6, Tel. 030 805 58 09, www.moorlake.de).
Das Ausflugslokal € **Blockhaus Nikolskoe** bietet deftige Hausmannskost in historischem Ambiente. Das Haus war 1819 im Auftrag König Friedrich Wilhelms III. für seine Tochter Prinzessin Charlotte erbaut worden, die den späteren Zaren Nikolaus geheiratet hatte. Die Lage hoch über der Havel ist einmalig, die Aussicht grandios (Nikolskoer Weg 15, Tel. 030 805 29 14, www.blockhaus-nikolskoe.de; tgl. 11.00–19.00 Uhr).

UMGEBUNG

Zumindest was die Lage angeht, ist die 12 **Heilandskirche von Sacrow** auf einer in die Havel hineinragenden Landzunge das schönste Gotteshaus der Region. Wegen ihres Baustils und dem frei stehenden Campanile würde man die 1844 erbaute Kirche eher in Italien als in Brandenburg verorten (Fährstraße, Potsdam-Sacrow, www.heilandskirche-sacrow.de; Mai, bis Aug. Di.–Do. 11.00–16.00, Fr.–So. 11.00 bis 17.00, März, April, Sept. und Okt. Di.–Do. 11.00–15.30, Fr.–So.11.00–16.00, sonst Sa. und So. 11.00–15.30 Uhr. Die Kirche ist nur zu Fuß durch den Sacrower Schlosspark zu erreichen).
Wie die Heilandskirche zählt die 11 **Pfaueninsel** in der Havel zum UNESCO-Welterbe. Angeregt von Jean Jacques Rousseaus „Zurück zur Natur" wurde die Meierei als ein „Schmuckbauernhof " gebaut, in dem der König einem „romantischen" Landleben frönen konnte. Das Lustschloss vom Ende des 19.Jh. und die Meierei gehören zu den Höhepunkten auf der Insel (Nikolskoer Weg, www.spsg.de; Inselfähre Mai–Aug. tgl. 9.00–20.00, April und Sept. tgl. 9.00–19.00, März und Okt. tgl. 9.00–18.00, Nov. bis Febr. tgl. 10.00–16.00 Uhr).

Umgebung

TEMPELHOF

Der ehem. 8 **Flughafen Tempelhof** (Tempelhofer Damm 1; s. auch S. 64) ist mit seinen Start- und Landebahnen seit 2008 als **Tempelhofer Feld** Naherholungsgebiet.

SPANDAU

Hauptsehenswürdigkeit ist die im 16. Jh. als Ersatz für eine mittelalterliche Burg gegenüber der Altstadt zum Schutz Berlins errichtete 6 **Zitadelle** in den für die Renaissance cha-

Freizeitvergnügen auf dem Tempelhofer Feld (links). Das Olympiastadion (rechts).

rakteristischen Formen (Am Juliusturm 64, www.zitadelle-berlin.de; tgl. 10.00–17.00 Uhr).

OLYMPIAGELÄNDE

Die Olympischen Sommerspiele 1936 waren die ideale Bühne für Nazi-Deutschland, sich der Welt zu präsentieren. Auf dem 7 **Olympiagelände** mit dem Olympiastadion (bis 1936) als Zentrum lässt sich bis heute dem Geist des Monumentalen nachspüren.

POTSDAM

Die 14 Hauptstadt Brandenburgs ist als ehem. Sommerresidenz (ab 17. Jh.) der preußischen Könige und deutschen Kaiser einen ausgedehnten Besuch wert – und nicht nur, weil sie zum UNESCO-Welterbe zählt.

Unverzichtbar sind ein Bummel durch Potsdams **Altstadt** und der Besuch von Sanssouci. Am Alten Markt als städtischem Zentrum steht das **Stadtschloss,** 1945 zerbombt, abgerissen und bis 2014 wiedererrichtet; außen barock rekonstruiert, innen ein Zweckbau für den brandenburgischen Landtag. In der ersten Hälfte des 18. Jh. entstand das **Holländische Viertel** für niederländische Einwanderer.

Die Hauptallee des überaus abwechslungsreich gestalteten **Parks von Sanssouci** (tgl. 6.00–20.30 Uhr) führt schnurgerade und vorbei am Chinesischen Haus (1756) auf das spätbarocke **Neue Palais** (April–Okt. Mi.–Mo. 10.00 bis 17.30, sonst Mi.–Mo. 10.00–16.30/17.00 Uhr) zu, von Friedrich dem Großen als massiger Repräsentationsbau in Auftrag gegeben. Größeres Interesse findet meist das im Vergleich zierliche, 1747 fertiggestellte Rokoko-**Schloss Sanssouci** (Di.–So. 10.00 bis 16.30/17.00/17.30 Uhr) oberhalb der vorgelagerten Weinbergterrassen, Friedrichs bevorzugter Aufenthaltsort.

Nördl. der Altstadt liegt der Ende des 18. Jh. angelegte **Neue Garten** mit dem frühklassizistischen **Marmorpalais** (bis 1791) und dem **Schloss Cecilienhof** (Di.–So. 10.00–16.30/17.00/17.30 Uhr). In diesem, einem englischen Landsitz (bis 1917) ähnlichen Anwesen wurde bei der Potsdamer Konferenz 1945 über das Schicksal Deutschlands entschieden.

Seit 2017 besitzt Potsdam mit dem **Museum Barberini** ein Kunstmuseum auf Weltniveau. Neben der Basissammlung, die Kunst aus der DDR und deutsche Kunst nach 1989 zeigt, werden mehrmals jährlich Wechselausstellungen mit Werken internationaler Spitzenkunst präsentiert (Humboldtstr. 5-6/Alter Markt, Tel. 0331 2 36 01 44 99, www.museum-barberini.com, Mi.–Mo. 10.00–19.00, 1.Do. im Monat bis 21.00 Uhr)

INFORMATION

Potsdam Marketing und Service GmbH, Humboldtstraße 1, 14467 Potsdam, Tel. 0331 27 55 88 99, www.potsdamtourismus.de
Stiftung Preußische Schlösser und Gärten Berlin-Brandenburg, Postfach 60 14 62, 14414 Potsdam, Besucher-Tel. 0331 96 94 200, www.spsg.de

Genießen Erleben Erfahren

DuMont Aktiv

Unterwegs auf dem Mauerweg

Die Berliner Mauer teilte die Stadt 28 Jahre lang. Eine Tour entlang dem Mauerweg mit seinen 14 Etappen führt zu verbliebenen Mauerresten, alten Wachtürmen und Gedenkstätten für Fluchtopfer – aber auch durch idyllische Landschaften.

Die Mauer ist weg! Selbst Einheimische haben Mühe, den genauen Verlauf des Bauwerks zu rekonstruieren. Allzu gründlich wurde nach der Wende mit den verhassten Grenzanlagen aufgeräumt. Die meisten Berlinbesucher werfen einen Blick auf den Checkpoint Charlie, besuchen die Gedenkstätte Berliner Mauer und fotografieren die East Side Gallery. Wer sich tiefer auf Spurensuche begeben möchte, kann dem einstigen Grenzverlauf auf dem Berliner Mauerweg folgen. Auf der gesamten Länge von 160 Kilometern ist die Strecke beschildert und mit Landkarten versehen, Tafeln erinnern an den Alltag an der Grenze – und an DDR-Bürger, die beim Fluchtversuch ums Leben kamen. So erfährt man in einem alten Wachturm am Spandauer Schifffahrtskanal vom Schicksal Günter Litfins, der 1961 als erster Flüchtling an der Mauer erschossen wurde.

Verlässt man die Stadt, folgt die Route den Zollwegen auf Westberliner Seite und den Kolonnenwegen der DDR-Grenztruppen. Nur wenige Bauten erinnern hier noch an den einstigen Grenzverlauf, darunter die Glienicker Brücke, auf der Ost und West regelmäßig Agenten austauschten, oder die einst größte Grenzanlage in Dreilinden.

Information

Rund 40 km des Mauerweges, der sich auch gut für Radfahrer eignet, führen durch die Innenstadt, markiert durch eine Doppelreihe Kopfsteinpflaster. 120 km folgen der Grenze im Umland auf überwiegend autofreien, aber auch holprigen Wegen. Die 14 Einzelstrecken sind zwischen sieben und 21 km lang, die Start- und Zielpunkte mit öffentlichen Verkehrsmitteln erreichbar. Informationen unter www.berlin.de/mauer/mauerweg

Die Gedenkstätte Berliner Mauer in der Bernauer Straße

B-AE 560

Blühende Landschaften

Ein starker Wandel hat den Osten Berlins jenseits der hippen Kieze erfasst: In Marzahn sind die Plattenbauten nach einem Image-Tief trotz der sozialen Probleme wieder gefragt. Gleich nebenan bilden die „Gärten der Welt" ein Symbol für Toleranz und Völkerverständigung. In Adlershof schlägt das Herz der Berliner Forschungslandschaft.

Der von der Spree gebildete Müggelsee ist eines der großen Freizeitgebiete im Ballungsraum Berlin

Die Lichtenberger Forschungs- und Gedenkstätte Normannenstraße in der einstigen Zentrale des Ministeriums für Staatsicherheit beherbergt das Stasimuseum, zu dem auch das Büro von Erich Mielke gehört. Mielke war ab 1957 als Minister für Staatssicherheit der DDR federführend für den Ausbau des Kontroll-, Überwachungs- und Unterdrückungssystems in der DDR verantwortlich

„Mein Marzahn" ist ein für das ambitionierte Wohnungsbauprogramm der DDR beispielhafter Plattenbau-Stadtteil (links). In der bedrückenden Umgebung der Stasi-Gedenkstätte Hohenschönhausen kommen auch Zeitzeugen wie Edda Schönherz zu Wort, können Besuchern von ihren Gefühlen und Erfahrungen hinter den Gefängnismauern berichten (rechts oben und unten)

Ob Chinesischer Garten oder Christlicher Bibelgarten, die Gärten der Welt in Marzahn fordern zu einer floristischen Weltreise auf

Marzahn rockt! Marzahn fetzt! Marzahn ist cool! Noch vor kurzem hätten solche optimistischen Sätze nur verständnisloses Kopfschütteln ausgelöst – auch im Bezirk selbst. Mit rund 260 000 Einwohnern ist er seit langem berüchtigt als gigantische Großsiedlung der DDR mit vielfältigen sozialen Problemen: Arbeitslosigkeit, Kinderarmut, Rassismus. Doch selbst Berlins Boulevardpresse titelte übermütig: „Marzahn wird das neue Kreuzberg!“ Tatsächlich herrscht seit einigen Jahren Aufbruchstimmung: Die Geburtenrate und die Schülerzahlen steigen, die Arbeitslosenquote sank beträchtlich, der Wohnungsleerstand ist so niedrig wie nie zuvor – die „Platte“ ist wieder gefragt.

Das war auch 1977 so, als hier der erste Plattenbau für Europas größte Neubausiedlung entstand. „Sollen Rosen leuchten, kleine Wälder grün‘, sollen Kinder spielen, soll die Liebe blüh‘n ...,“ dichtete ein Mitglied der SED-Bezirksleitung anlässlich des Richtfestes. Die DDR-Regierung stand unter Druck, hatte sie den Wohnungsbau doch lange vernachlässigt. „Schnell, schnell!“, war daher die Devise: Innerhalb von zehn Jahren entstanden rund um das historische Marzahner Angerdorf unglaubliche 60 000 Wohnungen.

Für die DDR-Bürger war eine Wohnungszuweisung hier wie ein Sechser im Lotto: Es gab fließend warmes Wasser, Etagenheizung und eigenes Bad anstelle einer Außentoilette. Auch die soziale Mischung stimmte: Der Hochschulprofessor wohnte neben dem Busfahrer, die Erzieherin neben dem Chefarzt. Doch nach der Wende verließen vor allem die Bessergestellten das Viertel, die sozialen Probleme nahmen zu. Mehr als 7000 Wohnungen wurden seitdem abgerissen, die Infrastruktur verbessert. Nun steigt die Nachfrage wieder – vor allem aufgrund des Mietpreisdrucks in der Innenstadt.

Die „Platte“– zuerst geliebt, dann verachtet und abgerissen und heute wieder geschätzt.

Weltreise in drei Stunden

Wenn die Marzahner einmal nach Korea reisen wollen oder in den Orient, müssen sie nicht weit fahren: Gleich hinter den Hochhäusern erstreckt sich mit den „Gärten der Welt“ eine weltweit einzigartige Ausstellung. Hier kann man den plätschernden Brunnen in einem marokkanischen Riad lauschen, durch einen italienischen Renaissancegarten flanieren oder den akkurat geharkten Kies in einem Zen-Garten bewundern – die Gärtnerin wurde dafür eigens von einem Priester aus Japan unterwiesen.

„Alle unsere Gärten sind Originale“, sagt Parkmanagerin Kathrin Buhe voller Stolz. „Nicht nur die Landschaftsplaner kommen aus den jeweiligen Ländern, sondern auch die meisten Materialien.“ Grundstein der heutigen Anlage war ein Geschenk Chinas: fertige Pläne für einen Gelehrtengarten, mit einem Teehaus am See und einer Zickzackbrücke. Bald folgten weitere Gärten, mit herrlichen Rosen, mit Stauden, mit christlicher Symbolik.

2017 verschmolzen die „Gärten der Welt“ mit der Internationalen Gartenbauausstellung (IGA). Bis dahin entstanden weitere Themengärten und eine Tropen-

Das Ausflugsrestaurant Neu-Helgoland an der Müggelspree bietet seit über 100 Jahren regionale Küche – von Sauerbraten über Eisbein und Rinderroulade bis zur Forelle blau

Warum in die Ferne schweifen – an Großem und Kleinem Müggelsee finden die Berliner seit jeher ihren Sommertraum.

halle; der angrenzende Kienberg wurde zum Park umgestaltet und mit einer Seilbahn an die öffentlichen Verkehrsmittel angebunden. Doch nicht alle Marzahner Höhenflüge ließen sich umsetzen. Eine Künstlerinitiative wollte „hollywoodgleich" auf den Ahrensfelder Bergen den Schriftzug M-A-R-Z-A-H-N errichten, der weit sichtbar den Aufschwung des Krisenkiezes symbolisieren sollte. Besorgte Bürger und Poltiker verhinderten das Projekt – in diesem Fall musste die neue Marzahner Coolness am Boden bleiben.

Von Adlershof in den Weltraum

„Blühende Landschaften" sind – im übertragenen Sinne – im weiter südlich gelegenen Adlershof Realität geworden. Zu dem traditionsreichen Wissenschafts- und Wirtschaftsstandort gehören rund 1000 Unternehmen, 16 wissenschaftliche Einrichtungen und zwei Gründerzentren, es gibt mehr als 16 000 Beschäftigte und über 6500 Studenten. Eine Erfolgsgeschichte in mehreren Anläufen: Schon vor 100 Jahren sorgte der Standort für Furore – als Wiege der deutschen Luftfahrt. Hunderttausende strömten zu Flugschauen auf Deutschlands ersten Motorflugplatz. Alle bedeutenden Anbieter ließen hier ihre Flugzeuge bauen und auch die Pioniere der Luftfahrt, unter anderen die Brüder Wright.

Vergnügungspark

Jurassic Park

Der Spreepark war der einzige Vergnügungspark der DDR. Bald soll das Gelände zu neuem Leben erwachen.
Wenn Wind aufkommt, setzt sich das Riesenrad in Bewegung. Quietschend dreht das 45 Meter hohe Wahrzeichen ein paar Runden, um dann wieder stehen zu bleiben. Gigantische Dinosaurier-Figuren liegen herum. Eine Westernstadt modert vor sich hin. Eine Vergnügungsanlage im Dornröschenschlaf.

Einst besuchten jedes Jahr bis zu 1,7 Millionen den Spreepark im Plänterwald. Nach der Wende übernahm ein Hamburger Schausteller das Gelände, baute neue Achterbahnen, eine Wildwasserbahn. Doch während man in der DDR aus Tradition in den „Kulti" ging, brach dieses Bedürfnis mit der Reisefreiheit weg, der Spreepark musste schließen. Mittlerweile gehört das Gelände dem Land Berlin. Geplant ist ein kleiner, naturnaher Familienpark – mit restauriertem Riesenrad.

Köpenick, Friedrichshagen, Rahnsdorf und Müggelheim sind die Anlieger von Großem und Kleinem Müggelsee: Anleger in Friedrichshagen (rechts) und Badestelle bei Müggelheim (links)

Der Müggelsee ist ein familienfreundlich-flaches Gewässer, das nur in der Seemitte fast acht Meter Wassertiefe erreicht: Badegäste im Strandbad Müggelsee westlich Rahnsdorf

Zu Beginn des 19. Jahrhunderts erhielt Schloss Friedrichsfelde sein heutiges klassizistisches Aussehen. Nach einer wechselvollen Geschichte dient es mittlerweile dem Tierpark Friedrichsfelde als Museum und Verwaltungsbau

Östlich von Marzahn liegt die 1868 gegründete Galopprennbahn Hoppegarten. Im wilhelminischen Berlin war das „deutsche Ascot" Treffpunkt der oberen Zehntausend. Mittlerweile finden wieder regelmäßig Renntage statt (oben und Mitte). Sumatra-Tiger leben im schwindenden Regenwald Indonesiens und sind am stärksten vom Aussterben bedroht. Der Tierpark Friedrichsfelde engagiert sich in der Nachzucht und sorgt damit zum Erhalt dieser Großkatze (unten)

Nach dem Ersten Weltkrieg dienten die riesigen Hangars als Studios für rund 500 Filme. Später baute das nationalsozialistische Deutschland hier Kampfflugzeuge und Raketenteile, auch mit Zwangsarbeitern. Die DDR wollte noch höher hinaus: Das Institut für Kosmosforschung war nur eine von rund 15 Forschungseinrichtungen in Adlershof. Direkt nebenan sendete das DDR-Fernsehen den „Schwarzen Kanal" und das Sandmännchen.

Dann kam die Wende. „Wohin mit 5500 hochqualifizierten Akademikern?", fragten sich die Abwickler. Ein Drittel der Beschäftigten wurde in neu gegründete Institute integriert, der Rest musste sich in der Marktwirtschaft bewähren. Viele mit großem Erfolg: Die mittelständischen Unternehmen und Forschungseinrichtungen im Technologiepark produzieren Innovationen wie am Fließband: Spezialkameras für die europäische Marssonde, Weltraumsatelliten für Länder mit kleinem Budget, „fliegende Feuermelder" im All zum Aufspüren von Waldbränden, ein Verfahren zur Früherkennung von Hautkrebs. Inzwischen sind auf dem Gelände über 1000 Wohnungen im Bau – zur Vernetzung von Arbeiten und Wohnen.

Pankow war über Jahrzehnte ein Traumziel des „kleinen Udo" Lindenberg.

Im Pankower „Städtchen"

Nicht weit zu ihrem Arbeitsplatz hatten es auch manche Politiker der SED-Regierung – zumindest nach der Staatsgründung im Jahr 1949. Damals diente das barocke Schloss Schönhausen in Pankow DDR-Präsident Wilhelm Pieck als Amtssitz. Die oberste Regierungsspitze wohnte gleich nebenan im Majakowskiring, den sie von den sowjetischen Be-

Die „Molecule Men" vor den Treptowers: Seit 1999 steht die 30 Meter hohe Metall-Skulptur des US-amerikanischen Bildhauers Jonathan Borofsky bei der Oberbaumbrücke in der Spree

Unter dem späteren preußischen König Friedrich I. erhielt Schloss Köpenick sein barockes Aussehen (links). Das Sowjetische Ehrenmal im Treptower Park wurde 1949 zu Ehren der im Zweiten Weltkrieg gefallenen Soldaten der Roten Armee errichtet (rechts)

In Berlin bleibt kein Grün ungenutzt: Spreeufer im Treptower Park

satzern übernommen hatten: Otto Grotewohl, Walter Ulbricht, die Honeckers, Erich Mielke. Aus dem Russischen stammte auch der Spitzname dieser „Wohngemeinschaft“: „Gorodok“, das „Städtchen“.

Die Lage am Stadtrand kam den Politikern nicht ungelegen, entsprach sie doch ihrem Wunsch nach Abschottung. Wer hier lebte, konnte sich zum inneren Machtzirkel zählen. Wer in Ungnade fiel, musste ausziehen. Auch einige Künstler durften hier wohnen, darunter Hans Fallada, als er bei der von der Roten Armee herausgegebenen „Täglichen Rundschau“ eine Zeit lang sein Brot verdiente und in seinem Roman „Alpdruck“ über das „Städtchen“ schrieb: „Da ist ein Schlagbaum, rot-weiß geringelt, und ein Schilderhaus, rot-weiße Schrägbalken, und an dem Schilderhaus stehen ein russischer Posten und ein deutscher Polizist Wache, dass niemand Unbefugtes in diesen Bezirk [...] eindringt.“

In der „Gated Community“, wie man auf Neudeutsch sagen würde, ging es beschaulich zu: die Häuser alles andere als dekadent, die Versorgung dagegen exzellent. Die Publizistin Carola Stern, die sich als US-Agentin in die SED-Spitze eingeschlichen hatte, beschrieb in ihrer Ulbricht-Biografie das bürgerliche, fast spießige Leben des gefürchteten Ober-Sozialisten.

1960 zogen die Politiker in die neu errichtete Waldsiedlung nach Wandlitz um – noch weiter weg vom Volk. Die Pankower wunderten sich deshalb, als Udo Lindenberg 1983 seinen Song „Sonderzug nach Pankow“ veröffentlichte. „Wir dachten damals, Lindenberg ist schlecht informiert – der wird hier gar keenen antreffen“, berichtet ein Zeitzeuge, ohne zu wissen, dass „Pankow“ im Westen als Synonym für den DDR-Regierungssitz verwendet wurde; „Berlin“ war ja im Westsprachgebrauch West-Berlin vorbehalten. Die Botschaft des Liedes kam dennoch an: Lindenberg durfte noch im gleichen Jahr in der DDR auftreten – aber ohne den „Sonderzug“ zu spielen.

DAS ERBE DER DDR

Vorwärts immer, rückwärts nimmer!

In Berlin ist die Erinnerung an die DDR noch allgegenwärtig. Wer mit offenen Augen durch die Stadt geht, stößt immer wieder auf Relikte des Sozialismus.

Architektur im Stil des Großen Bruders: Karl-Marx-Allee

Auf den ersten Blick hat nur das Ampelmännchen überlebt. Der mit beschwingtem Schritt über die Straße gehende „Ostfußgänger" hat sein Westpendant klar ausgestochen.

Der Palast der Republik, in dem einst die DDR-Volkskammer tagte, ist schon lange abgerissen, asbestverseucht wie er war. Jetzt wird dort nach altem Vorbild das Stadtschloss, die ehemalige Residenz der Hohenzollern, wiedererstehen. Auferstanden aus Ruinen, sozusagen. Die Häuser im Prenzlauer Berg, wo einst die DDR-Opposition einen Rückzugsort fand, sind längst renoviert und an Investoren verkauft, und auch andernorts scheint die sozialistische Vergangenheit aus dem Stadtbild getilgt. Doch wer genau hinschaut, entdeckt viele Erinnerungen an die DDR-Zeit.

Mauer hier, Mauer da

Und man findet auch noch Überreste der Mauer. Am bekanntesten ist die 1,3 Kilometer lange East Side Gallery in Friedrichshain. Nach der Wende haben dort Künstler aus aller Welt farbenfrohe Bilder auf das eigentlich so grausame Bauwerk gezaubert. Auch im Mauerpark, dem einstigen Grenzstreifen zwischen den Stadtteilen Prenzlauer Berg im Osten und Wedding im Westen stehen noch eine paar Mauerreste – auch sie wurden bemalt, allerdings nicht von offiziell beauftragten Künstlern, sondern von Graffiti-Sprayern. Auch ein paar Schritte weiter kann man an der Gedenkstätte Berliner Mauer Reste des „antifaschistischen Schutzwalls" sehen, vor allem aber wird hier in einer Ausstellung die Zeit des Mauerbaus aufgearbeitet. Die auf dem Potsdamer Platz und Leipziger Platz aufgestellten Mauerreste sind ebenfalls original. Dorthin, wo sie heute stehen, wurden sie aber erst nach der Wende gebracht – als Anschauungsmaterial für Touristen sozusagen.

Mielkes Mief

Ein Ort des Schreckens war die ehemalige Stasi-Zentrale in Lichtenberg. Das Haus strahlt die miefige Atmosphäre deutscher Amtsstuben aus und bringt einen gerade deswegen zum Schaudern. Von diesen Schreib-

Nach der Öffnung der Berliner Mauer wurde an der Mühlenstraße ein Teilstück von 118 Künstlern aus 21 Ländern bemalt. Sie versuchten, auf 1316 Metern die Veränderungen in den Wendejahren zu illustrieren: „Test The Rest" von Birgit Kinder (links) und „Wir sind ein Volk" von Schamil Gimajev (rechts)

tischen aus wurden die staatlich organisierten Verbrechen initiiert. Auch die Arbeitsräume Erich Mielkes, von 1957 bis 1989 Minister für Staatssicherheit, kann man besichtigen – eine ganze Etage im Retro-Look. Schleiflackmöbel, Büroschränke, massige Telefonapparate, geschwungene Bürostühle im 1960er-Jahre-Design. Erschreckend, und doch wieder fast banal in Anbetracht der heutigen weltweiten Bespitzelung durch die NSA wirkt die „Spionageausrüstung" der Stasi: Kameras in Tonnen und Taschen, in einer Gießkanne und einem Vogelhäuschen. Die Ausge-

„Niemand hat die Absicht, eine Mauer zu errichten!"

Walter Ulbricht auf einer Pressekonferenz am 15. Juni 1961.

„Die Mauer wird in 50 und auch in 100 Jahren noch bestehen…"

Erich Honecker: am 19. Januar 1989

Das DDR-Museum präsentiert den Alltag in der DDR jenseits von Stasi und Mauer

spähten und „Überführten" landeten häufig im Stasigefängnis von Hohenschönhausen – heute Gedenkstätte und Museum gleichermaßen. Eine Ausstellung gibt – soweit das überhaupt möglich ist – Einblick in die unmenschlichen Haftbedingungen. Bequemer als diese Gefangenen, aber auch als der normale DDR-Bürger in der Platte – im Vergleich zu westliche Staatsführern wiederum aber fast bescheiden – lebten die Herren (und wenigen Damen) aus der Staats- und Parteiführung der DDR im Majakowskiring in Pankow.

Winken mit versteinertem Gesicht

In der Karl-Marx-Allee, der 90 Meter breiten Prachtstraße, die durch Friedrichshain führt, nahmen die alten Männer der DDR-Führung jedes Jahr am 7. Oktober am Tag der Republik winkend und mit versteinerter Miene eine Militärparade ab – letztmalig 1989. Die monumentalen Gebäude links und rechts der Straße sind Zeitzeugen des Kommunismus, wurden sie doch in den 1950er-Jahren im stalinistisch-neoklassizistischen Zuckerbäckerstil errichtet. Das „Café Moskau", 1964 eröffnet, war eines von sieben „Nationalitäten-Restaurants", in denen DDR-Bürger einen Blick in die Kochtöpfe der sozialistischen Bruderländer werfen konnten. Für DDR-Verhältnisse war das „Moskau" hochklassig ausgestattet und deswegen auch bald Anziehungspunkt für die High Society des Ostens. Heute ist es eine Eventlocation, in der man im (n)ostalgischen DDR-Schick feiern kann. Steht man vor dem Gebäude, sollte man den Blick nach oben richten. Über dem Schriftzug des Cafés „schwebt" nämlich in Originalgröße ein Nachbau des Satelliten Sputnik – damals ein Geschenk des Botschafters der UdSSR.

Bis 1961 hieß die Karl-Marx-Allee Stalinallee. In dem Jahr wurden überall in der Sowjetunion die letzten Erinnerungen an den posthum in Ungnade gefallenen Diktator getilgt. Da wollte man in der DDR des Walter Ulbricht natürlich auch nicht zurückstehen. Nach der Wende gab es in den 1990er-Jahren Pläne, die Karl-Marx-Allee wieder umzubenennen. Statt Marx hätte dann Hegel der Namensgeber werden sollen. Dieser Vorschlag wurde aber vom Senat abgelehnt und so konnte der Vater des Kommunismus zumindest in Berlin einen kleinen Sieg erringen.

Informationen

Stasi-Gefängnis, Gedenkstätte Berlin-Hohenschönhausen, Genslerstraße 66, www.stiftung-hsh.de; tgl. 9.00–18.00 Uhr, Eintritt frei
Stasi-Museum, Forschungs- und Gedenkstätte Normannenstraße, Ruschestraße 103, Haus 1, www.stasimuseum.de; Mo.–Fr. 10.00–18.00, Sa. und So. 11.00–18.00 Uhr

Wohnungen führender DDR-Politiker am Majakowskiring: Erich Honecker lebte mit seiner früheren Frau Edith Baumann in Nr. 58, Walter und Lotte Ulbricht wohnten in Nr. 28/30, nach dem Tod ihres Mannes bewohnte Lotte Ulbricht bis zu ihrem Tod 2002 die Nr. 12; Wilhelm Pieck war in Nr. 29 zu Hause, Günter Schabowski in Nr. 63 und Willi Stoph in Nr. 64. Im Haus von Otto Grotewohl (Nr. 46/48) lebt seit 2006 übrigens eine andere Prominenz – die Schauspielerin Jasmin Tabatabai.

Café Moskau, Karl-Marx-Allee 34, www.cafemoskau.com

Grenzgänger

© visitBerlin / Dagmar Schwelle

In 48 Stunden die Geschichte der DDR lebendig erleben

Berlin war fast drei Jahrzehnte lang durch eine Mauer geteilt: Vom 13. August 1961 bis zum 9. November 1989 trennte sie Ost- und West-Berlin. Auch heute noch können Sie Spuren, Überreste und Gedenkstätten überall in Berlin finden. Lassen Sie sich durch die Stadt treiben und entdecken Sie die Geschichte dieser vielseitigen Metropole immer wieder neu.

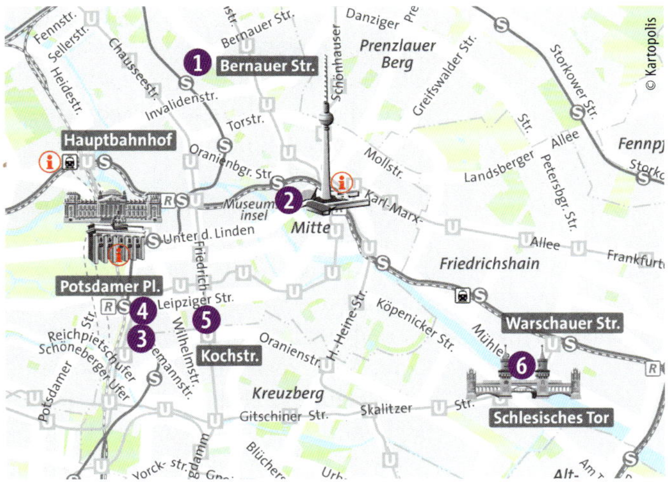

Tag 1

Ein guter Start, um sich auf die Reise in die Vergangenheit vorzubereiten, ist der Besuch der **Gedenkstätte Bernauer Straße** ❶. Steigen Sie auf die Aussichtsplattform, die Ihnen einen Blick auf die ehemalige Grenzanlage und die Kapelle der Versöhnung bietet. Lassen Sie die ehemalige Teilung der Stadt und die dramatischen Ereignisse an der Mauer auf sich wirken.

Weiter geht es zum **DDR Museum** ❷, in dem Sie Ihr Hintergrundwissen vergrößern und das alltägliche Leben in der DDR hautnah nachfühlen können. Anfassen der Exponate ist hier ausdrücklich erlaubt. Unser Tipp: Nutzen Sie die *Berlin WelcomeCard* für Ihren Aufenthalt und sparen Sie bei zahlreichen Eintritten mindestens 25%.

Im Anschluss erwartet Sie ein Aufstieg, der sich lohnt: In der Erna-Berger-Straße am Potsdamer Platz können Sie einen der letzten **DDR-Wachtürme** ❸ besteigen. Er war rund um die Uhr von zwei Grenzsoldaten besetzt.

Tag 2

Der zweite Tag beginnt geheimnisvoll: Das **Deutsche Spionagemuseum** ❹ erwartet Sie mit einer spannenden Ausstellung über die Welt der Spione. Auch hier gibt es übrigens – gar nicht geheim – 25% günstigere Tickets mit der *Berlin WelcomeCard*.

Weiter geht's zum **Checkpoint Charlie** ❺. Er ist der bekannteste unter den ehemaligen Grenzübergängen. Hier standen sich russische und amerikanische Panzer gegenüber, im Oktober 1961 war dieser Grenzübergang Schauplatz der sogenannten Panzerkonfrontation. Ebenfalls lohnenswert ist hier ein Besuch des **Mauermuseum – Haus am Checkpoint Charlie**.

Abschließend fahren Sie zur **East Side Gallery** ❻ und sehen sich das längste noch erhaltene Stück der Berliner Mauer an. Neben dem berühmten „Bruderkuss" sind auf den Teilstücken viele weitere Kunstwerke zu bewundern. Am Anfang der East Side Gallery in der Mühlenstraße 78-80 gibt es Wissenswertes rund um die Mauer im **The Wall Museum**, ebenso mit 25% Rabatt.

Unser Tipp für Berlin:

Die *Berlin WelcomeCard* und *Berlin WelcomeCard all inclusive* begleiten Sie zuverlässig auf Ihrer Zeitreise und bieten Ihnen bei zahlreichen Attraktionen die Möglichkeit, nicht nur lebendig die Geschichte zur erleben, sondern auch mindestens 25% zu sparen. Mehr als 200 Rabatte bzw. 30x freier Eintritt bescheren Ihnen ein sorgloses und flexibles Berlin-Erlebnis. Und damit Sie vor Ort immer mobil sind, ist der Fahrschein für Bus, S- und U-Bahn schon inklusive.

Mehr unter: **berlin-welcomecard.de**

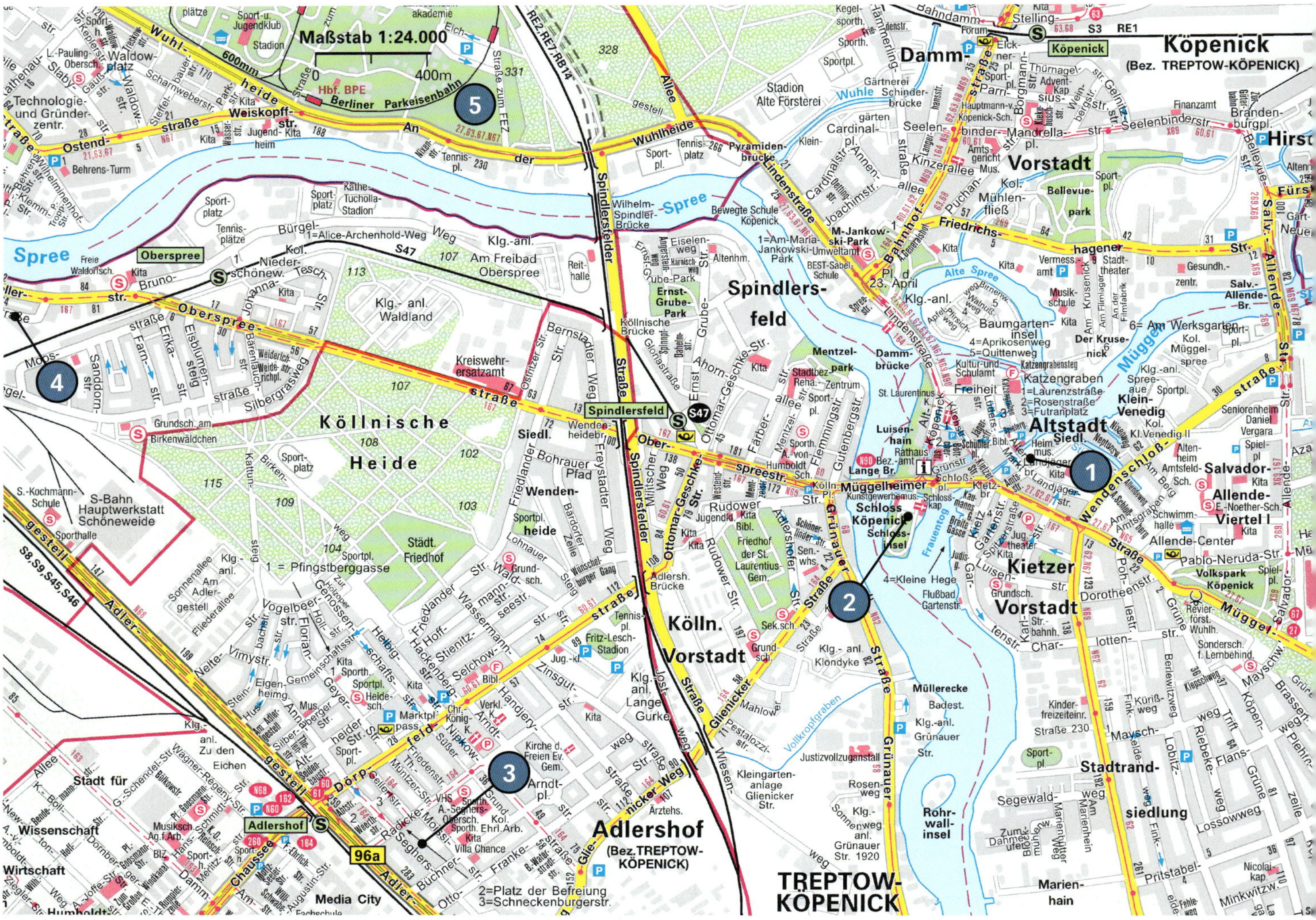
Maßstab 1:24.000
400m
Köpenick
(Bez. TREPTOW-KÖPENICK)
Damm-Vorstadt
Spree
Oberspree
Köllnische Heide
Spindlersfeld
Altstadt
Kietzer Vorstadt
Köll. Vorstadt
Adlershof
(Bez. TREPTOW-KÖPENICK)
TREPTOW-KÖPENICK
Salvador-Allende-Viertel I
Stadtrandsiedlung
Schloss Köpenick
Müggelheimer Str.
Wendenschloßstr.
Grünauer Str.
Adlergestell
Media City
Wissenschaft
Wirtschaft
2=Platz der Befreiung
3=Schneckenburgerstr.
1 = Pfingstbergstr.
1
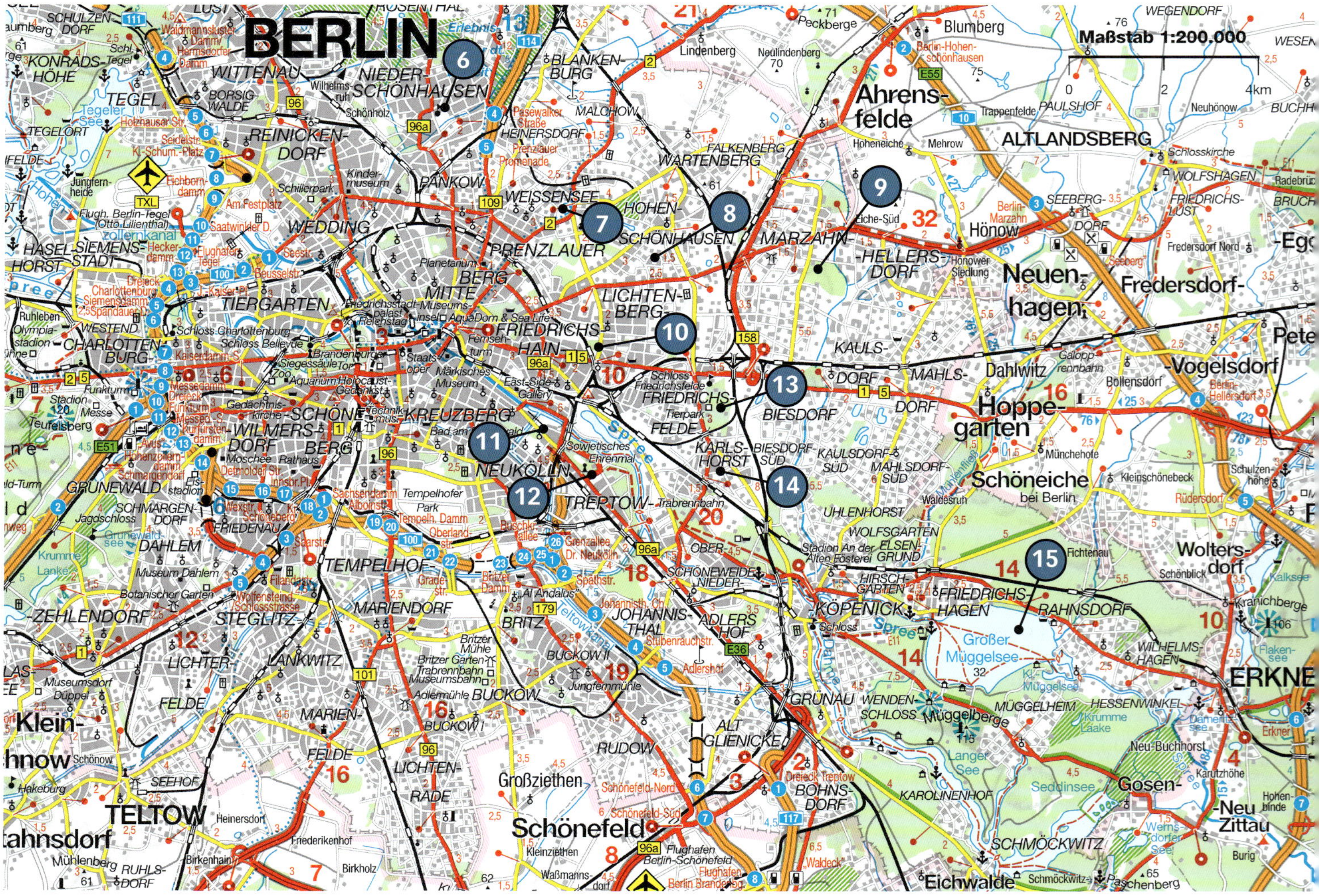
BERLIN
Maßstab 1:200.000
0
2
4km
TEGEL
REINICKENDORF
WITTENAU
PANKOW
WEDDING
PRENZLAUER BERG
MITTE
TIERGARTEN
CHARLOTTENBURG
FRIEDRICHSHAIN
LICHTENBERG
KREUZBERG
NEUKÖLLN
SCHÖNEBERG
WILMERSDORF
TEMPELHOF
TREPTOW
STEGLITZ
ZEHLENDORF
DAHLEM
MARZAHN
HELLERSDORF
KÖPENICK
Ahrensfelde
Neuenhagen
Fredersdorf
Hoppegarten
Schöneiche
Schönefeld
TELTOW
Klein-Machnow
Großer Müggelsee
ERKNER
Eichwalde
Wolterdorf
Blumberg
ALTLANDSBERG
Vogelsdorf
1
2
3
4
5
6
7
8
9
10
11
12
13
14
15

Zwischen Platte und Seen

Berlins Osten ist reich an Kontrasten: auf der einen Seite das üppige Grün und der Wasserreichtum in Köpenick, auf der anderen die Tristesse der Plattenbauten. Es gibt noch Dorfkerne wie im Anger von Marzahn, historische Ensembles wie in der Altstadt Köpenicks, Parkanlagen wie in den „Gärten der Welt", aber auch düstere Relikte wie die Stasi-Gedenkstätten in Lichtenberg.

Treptow und Köpenick

Die seit 2001 vereinten Stadtteile Treptow und Köpenick bilden den größten und wasserreichsten Bezirk. Treptow war über Jahrhunderte eine Landgemeinde. In Köpenick errichteten die Hohenzollern Ende des 17. Jh. ein barockes Wasserschloss. Berühmt ist die Geschichte des „Hauptmanns von Köpenick". Neben Köpenicks Altstadt locken vor allem die vielen Seen.

SEHENSWERT

An Alt-Treptows Grenze zu Kreuzberg dokumentiert eine Ausstellung im ehem. Grenzwachturm „Schlesischer Busch" die Teilung Berlins (Puschkinallee; rund um die Uhr geöffnet). Der 12 **Treptower Park** im englischen Stil (19. Jh.) ist mit seinen Alleen und Wegen entlang der Spree der zweitgrößte der Stadt; in seiner Mitte liegt das gewaltige **Sowjetische Ehrenmal** (1949) für die Soldaten der Roten Armee. Zum Park gehört auch die **Archenhold-Sternwarte** mit dem weltweit größten Linsenfernrohr; zahlreiche Vorführungen (Alt-Treptow 1, www.archenhold-sternwarte.de; Mi., Do., Sa., So. 14.00–16.30, Fr. 15.00 bis 21.00 Uhr). Zur Einkehr bietet sich im Park das „Zenner" mit Biergarten an (Alt-Treptow, Puschkinallee, www.hauszenner.de; Sommer tgl. Mi.–Sa. ab 12.00, So. ab 10.00 Uhr).
Auf eine mehr als 800-jährige Geschichte blickt die **Köpenicker Altstadt** zurück, auf einer Insel am Zusammenfluss von Spree und Dahme gelegen. Ein Uferweg führt rund um das Ensemble. Im neugotischen Backstein-Rathaus (1904) erinnert eine Ausstellung an den Hauptmann von Köpenick, den Schuster Friedrich Wilhelm Voigt (Alt-Köpenick 21, www. museum-treptow-koepenick.de; Mo.–Fr. 8.00 bis 18.00 Uhr). Am Alten Markt hat das 1 **Heimatmuseum** (1665) seinen Sitz (www.museum-treptow-koepenick.de; Di., Mi. 10.00–16.00, Do. 10.00–18.00, So. 14.00–18.00 Uhr). Der Schlossplatz verbindet die Altstadt mit der Schlossinsel und dem barocken 2 **Schloss Köpenick** (16. und Ende 17. Jh.). Hinter der Schlosskirche erstreckt sich der Schlosspark.

ERLEBEN

Vom Hafen der Stern- und Kreisschifffahrt im Treptower Park (Puschkinallee 15, www.sternundkreis.de) legen **Ausflugsdampfer** ab, ebenso von der Altstadt Köpenicks.

Biergarten und Spreeufer im Treptower Park (links und rechts oben). Schlosskirche von Köpenick (rechts unten)

Das 5 **Freizeit- und Erholungszentrum FEZ** im Volkspark Wuhlheide, Europas größtes gemeinnütziges Kinder- und Jugendzentrum, bietet ein Kindermuseum, Raumfahrtzentrum, Schwimm- und Sporthalle, Badesee, Spielplätze und eine ehem. Pionier- und heutige Parkeisenbahn (Straße zum FEZ 2, www.fez-berlin.de).

MUSEEN

Schloss Köpenick ist heute Dependance des 2 **Kunstgewerbemuseums** am Kulturforum mit Raumgestaltungen aus Renaissance, Barock und Rokoko (Schlossinsel 1, www.smb.museum; April–Sept. Di.–So. 11.00–18.00, sonst Do.–So 11.00–17.00 Uhr).
Das 4 **Dokumentationszentrum NS-Zwangsarbeit** in Schöneweide erinnert an die einst mehr als 3000 Lager in der Stadt (Britzer Straße 5, www.dz-ns-zwangsarbeit.de, Di.–So. 10.00–18.00, Do. bis 20.00 Uhr).
In der 3 **Anna-Seghers-Gedenkstätte** sind die Wohnräume der Autorin erhalten (Anna-Seghers-Straße 81; Di. und Do. 10.00–16.00 Uhr).

HOTELS UND RESTAURANTS

Nachhaltigkeit und vegane Küche hat sich das **€€€/€€ Essentis Biohotel** an der Spree auf die Fahnen geschrieben (Weiskopffstraße 16, 12459 Berlin, Tel. 030 530 05 00, www.essentisbiohotel.de). Das **€€ Pentahotel Köpenick** bietet Schloss- und Wasserblick (Grünauer Straße 1, 12557 Berlin, Tel. 030 65 47 90, www.pentahotels.com).
Ein alter Hafenkran beherbergt das **€ Kranhaus Café** (Paul-Tropp-Straße 11, Tor 8, Tel. 030 63 96 76 80; Di.–So. 10.00–20.00 Uhr). Das **€ Altstadtcafé Cöpenick** serviert üppige Torten (Alt-Köpenick 16, Tel. 030 65 47 40 69, www.altstadtcafe.de; tgl. 10.00–18.30 Uhr).

NACHTLEBEN

Im sanierten Treptower Industriedenkmal 11 **Arena** finden Konzerte, Theater und Ausstellungen statt; außerdem Bade- und Clubschiff (Eichenstraße 4, www.arena.berlin).

Elefanten im Tierpark Friedrichsfelde (links oben). Auf dem Jüdischen Friedhof Weißensee (links unten). Zellenblick in der Stasi-Gedenkstätte (rechts)

VERANSTALTUNGEN
Von April bis Okt. zieht jeden Mi. und Sa. um 11.00 Uhr im Köpenicker Rathaus die **Hauptmanngarde** auf. Mehr als 200 Künstler stellen Ende April/Anfang Mai beim Kultur-Event **Kunst am Spreeknie** aus (www.kunstamspreeknie.org).

UMGEBUNG
Die Spree, sieben Seen und rund 130 km Wasserstraßen ermöglichen Touren zu Wasser, per Rad und zu Fuß. Ein beliebtes Ausflugsziel ist **Friedrichshagen;** die Bölschestraße mit Bauten aus zwei Jahrhunderten führt hier vom S-Bahnhof zum 15 **Müggelsee,** dem größten Berliner See mit Seebad (www.seebad-friedrichshagen.de), Bootsverleih und Badestellen (Mai–Aug. tgl. 10.00–19.00 Uhr).

INFORMATION
Tourist-Information, Alt-Köpenick 31, Eingang Grünstraße, 12555 Berlin, Tel. 030 655 75 50, www.tkt-berlin.de

Marzahn

Das Image von Marzahn-Hellersdorf ist bis heute durch die Plattenbauten geprägt. Umso mehr überraschen ein historischer Dorfkern und eine der buntesten Gartenanlagen der Stadt. 2017 fand hier die Internationale Gartenbauausstellung (IGA) statt.

SEHENSWERT
Die 9 **Gärten der Welt** im **Erholungspark Marzahn** haben sich zu einem Anziehungspunkt für rund 1 Mio. Gäste im Jahr entwickelt (Eisenacher Straße 99, www.gruen-berlin.de; Mitte April–Mitte Okt. tgl. ab 9.00 Uhr).
Ein historischer **Ortskern** blieb im einstigen Angerdorf Marzahn erhalten, u. a. die frühere Dorfschule mit dem **Bezirksmuseum** (Alt-Marzahn 51; Mo.–Fr. 11.00–17.00 Uhr) und die Dorfkirche (1871). Für ländliches Flair sorgt eine funktionstüchtige Bockwindmühle (Hinter der Mühle 4, www.marzahner-muehle.de; nur nach Anm. Tel. 0305458995, Mo.–Fr. 9.30–12.00 und 13.00–17.00, April–Okt. auch So. 15.00 bis 17.00 Uhr).

ERLEBEN
Jüngst wurde der **Skywalk Marzahn** eröffnet, eine 70 m hohe Aussichtsplattform auf einem Hochhaus (Raoul-Wallenberg-Straße 40/42; nur nach Anm. Tel. 030 2 64 85 25 88; April, Mai, Juni, Sept., Okt. jeden 2. So. 15.00–17.00 Uhr).

MUSEUM
Im historischen Gutshaus Mahlsdorf (1815) zeigt das **Gründerzeitmuseum** u.a. Interieurs und Musikmaschinen (Hultschiner Damm 333, www.gruenderzeitmuseum-mahlsdorf.de; Mi. und So. 10.00–18.00 Uhr).

INFORMATION
Tourismus-Information Marzahn-Hellersdorf, Hellersdorfer Straße 159, 12619 Berlin, Tel. 030 700 90 66 55, www.anders-als-erwartet.de.

Lichtenberg

Im 13. Jh. entstanden die ersten Dörfer in der Region. Der Bezirk besteht seit der Fusion von Lichtenberg und Hohenschönhausen 2001. In den 1920er- und 1930er-Jahren arbeiteten hier Architekten wie Max Taut und Mies van der Rohe. In Hohenschönhausen erinnern zwei Gedenkstätten an das Ministerium für Staatssicherheit.

SEHENSWERT
Auf dem Gelände des Schlossparks Friedrichsfelde gründete die DDR 1955 einen 13 **Tierpark** – heute von der Fläche größter in Europa. Rund 9000 Tiere leben in der Parklandschaft; Höhepunkt sind die Fütterungen und Tiershows (Am Tierpark 125, www.tierpark-berlin.de; April bis Sept. 9.00–18.30, Kasse 9.00–17.00 Uhr, sonst kürzer). Auf dem Gelände befindet sich auch das frühklassizistische **Schloss Friedrichsfelde** (1695 und um 1800; Sommer Di. bis So. 10.00–18.00 Uhr, sonst kürzer).
Mies van der Rohe entwarf 1932 das 8 **Landhaus Lemke** im Stil der klassischen Moderne, zu sehen sind Ausstellungen aus Kunst und Design (Oberseestraße 60, www.miesvanderrohehaus.de; Di.–So. 11.00–17.00 Uhr).

ERLEBEN
Das 10 **Theater an der Parkaue** ist ein Staatstheater für Kinder und Jugendliche. Es bringt Mythen, Märchen und Klassiker auf die Bühne (Parkaue 29, Tel. 030 55 77 52 52, www.parkaue.de).

MUSEEN
Die Forschungs- und Gedenkstätte Normannenstraße in der einstigen Zentrale des zu DDR-Zeiten allgegenwärtigen Ministeriums für Staatsicherheit beherbergt das 10 **Stasimuseum;** zu sehen sind u. a. die Diensträume von Minister Erich Mielke (Ruschestraße 103, www.stasimuseum.de, Mo.–Fr. 10.00–18.00, Sa. und So. 11.00–18.00 Uhr).
Die 8 **Gedenkstätte Hohenschönhausen** dokumentiert die Geschichte des ehem. sowjetischen Speziallagers und späteren Stasi-Gefängnisses (Genslerstraße 66, www.stiftung-hsh.de; stdl. Führungen März–Okt. tgl. 10.00 bis 16.00, sonst Mo.–Fr. 11.00, 13.00 und 15.00 Uhr).
Das 14 **Deutsch-Russische Museum** in Karlshorst hat seinen Sitz in den Räumen, in denen die Wehrmacht am 8. Mai 1945 die Kapitulation erklärte. Dokumente, Fotos und Filme dokumentieren den Krieg gegen die Sowjetunion (Zwieseler Straße 4, www.museum-karlshorst.de; Di.–So. 10.00–18.00 Uhr).

Tipp

Little Vietnam

Hüte stapeln sich bis unter die Decke, daneben gibt es bunte Dessous. Ein Laden verkauft Wasserpfeifen, der nächste billige Koffer oder Kunstblumen. Asiatische Sprachfetzen schallen durch die Halle 8 im Dong Xuan Center. Das Gelände eines einstigen Volkseigenen Betriebes hat sich in ein „kleines Vietnam" verwandelt. Seit 2005 existiert das gigantische Einkaufszentrum der vietnamesischen Gemeinde – vorwiegend ehemalige Vertragsarbeiter aus DDR-Zeiten. Wer gerne kocht, findet hier frische Waren direkt aus Asien: Früchte des Sternapfelbaums und Wasserspinat, lebende Graskarpfen und Currypasten, indische Jujube-Früchte und Bananenblüten. Man kann aber auch vor Ort in kleinen Garküchen essen – garantiert authentisch.

INFORMATION
Dong-Xuan-Markt, Herzbergstraße 128, www.dongxuan-berlin.de; Mi.–Mo. 10.00–20.00 Uhr

HOTEL
Die € **Pension 11. Himmel** im 10. und 11. Stock eines DDR-Plattenbaus hat einfache, von Künstlern gestaltete Zimmer; im Hochhauscafé gibt es Informationen über den Bezirk (Wittenberger Straße 85, 12689 Berlin, Tel. 030 93 77 20 52, www.pension-11himmel.de).

INFORMATION
Rathaus Lichtenberg, Möllendorfstraße 6, 10367 Berlin, Tel. 030 90 29 60, www.berlin.de/ba-lichtenberg

Pankow

Der Bezirk Pankow, mit 395 000 Einw. eine ausgewachsene Großstadt, entstand durch die Zusammenlegung von Weißensee, Prenzlauer Berg und Pankow. Während der Prenzlauer Berg zu DDR-Zeiten eher von Künstlern und durch die erstarkende Oppositionsbewegung geprägt war, galt Pankow als Zentrum der SED-Elite. Heute zählt der Norden des Bezirks zu den am schnellsten wachsenden Stadtteilen in Deutschland.

SEHENSWERT
Das wiederholt umgestaltete 6 **Schloss Schönhausen** (Urspr. Ende 17. Jh.) diente der Gemahlin Friedrichs II., der Königin Elisabeth Christine, von 1740 bis 1797 als Sommerresidenz. Die Einrichtung blieb weitgehend erhalten. Zu DDR-Zeiten war der Bau bis 1960 Sitz des Präsidenten Wilhelm Pieck, später offizielles Gästehaus. Der Schlossgarten spiegelt rund 300 Jahre Gartengeschichte wider (Tschaikowskistraße 1, www.spsg.de; April–Okt. Di.–So. 10.00–17.30, sonst Sa./So. 10.00–16.00/17.00, Garten tgl. 8.00 Uhr bis Sonnenuntergang). Im angrenzenden **Majakowskiring** lebten einst hochrangige Vertreter der SED.
Unter Denkmalschutz steht der **Jüdische Friedhof Weißensee** (1880), flächenmäßig größter Europas. Die Anlage mit ihren langen Alleen und prächtigen Grabstätten gilt als einer der schönsten Friedhöfe der Stadt (Herbert-Baum-Straße 45, www.jewish-cemetery-weissensee.org; April–Sept. Mo.–Do. 7.30–17.00, Fr. 7.30–14.30, So. 8.00–17.00 Uhr, sonst kürzer).

AKTIV
Sandstrand gibt es im 7 **Strandbad am Weißen See** (Berliner Allee 155, Mai–Sept. So. bis Do. 10.00–22.30, Fr./Sa. 10.00–24.00 Uhr).

HOTEL
Die € **Alte Bäckerei Pankow** ist nicht nur ein Museum für Dorfkultur im Pankow, sondern bietet auch zwei Gästezimmer mit historischem Ambiente (Wollankstraße 130, 13187 Berlin, Tel. 030 486 46 69, www.alte-baeckerei-pankow.de).

INFORMATION
Tourist-Information, Haus 2 der Kultur-Brauerei, Schönhauser Allee 36, 10435 Berlin, Tel. 030 44 35 21 70, www.tic-berlin.de

Genießen Erleben Erfahren

DuMont Aktiv

Mit dem Paddel in der Hand

Wer Berlin einmal aus einer ungewöhnlichen Perspektive erleben will, geht mit dem Kanu auf Ausflugstour. Von der Insel der Jugend in Köpenick kann man sich zu einer Tour durch die ganze Stadt aufmachen.

„Oberbaumbrücke backbord voraus.“ Gerade haben wir mit unserem Kanu die Statue der „Molecule Men“ passiert, und nun geht es weiter zur nächsten Sehenswürdigkeit. Die „Molekülmänner“ sind 30 Meter hoch, symbolisieren die Berliner Stadtteile Kreuzberg, Friedrichshain und Treptow, die an dieser Stelle zusammenstoßen, und sie stehen mitten in der Spree. Den Blick von unten auf die Riesenstatue bekommen deswegen nur die wenigsten Touristen zu sehen. Ungewöhnliche Perspektiven wie diese erlebt man nur von einem Boot aus.

Aber Achtung: Die Spree darf im Innenstadtbereich von Kanus und allen anderen mit Körperkraft betriebenen Booten nicht befahren werden. Von Osten kommend, ist an der Oberbaumbrücke Schluss, im Westen muss man beim Bundeskanzleramt umkehren. Auf dem Landwehrkanal kann man dagegen durch ganz Berlin paddeln. Ein bisschen aufpassen muss man dennoch. Frachtkähne und Ausflugsdampfer sorgen mitunter für erheblichen Wellengang, der das schmale Kanu zum Kippeln bringen kann. Dann heißt es, den Bug des kleinen Gefährts in die Wellen zu richten. So bietet man ihnen weniger Angriffsfläche und vermindert die Kentergefahr. Wer sich lieber erfahrenen Geleitschutz holen und zudem eine Stadtführung vom Wasser aus erleben möchte, schließt sich geführten Paddeltouren an.

Kanuverleih

Kanuliebe ist ein Bootsverleih auf der am Treptower Park gelegenen Insel der Jugend. Ideal für Touren durch den Ostteil der Stadt, beispielsweise zur Oberbaumbrücke; auch geführte Touren (Alt-Treptow 6, Tel. 0170 489 26 80, www.kanuliebe.de)
Der **Bootsladen** ist ideal für Kanutoren in „Klein Venedig“, einem Werder in Spandau, und auf dem Wannsee (Brandensteinweg 37, Tel. 030 362 56 85, www.der-bootsladen.de; Mo., Di. geschl.)
Auch **Kayak Berlin Tours** (www.kajakberlintours.de), **Der Kanutourist** (www.derkanutourist.de) und **Backstagetourism** (www.backstagetourism.com) bieten geführte Touren durch unterschiedliche Teile der Stadt an.

Die besten Currywurstbuden

Am liebsten höllisch scharf

Berlin ist die Hauptstadt der Currywurst. Herta Heuwer hat sie hier nach dem Zweiten Weltkrieg erfunden. Sogar eine Gedenktafel hat sich die Imbissbudenbetreiberin dafür verdient. Die hat man am ehemaligen Standort ihres Kiosks in der Kantstraße 101 angebracht.

1 Dom Curry

Dom Curry ist die Wurstbude für den Anspruchsvollen. Dafür garantiert schon der Betreiber – der Stand gehört zum Hilton Hotel. Die Lage am Gendarmenmarkt ist ebenso exklusiv wie die Präsentation – die Wurst wird hier auf dem Porzellanschälchen serviert. Die Auswahl ist groß, der Genießer kann zwischen Straußen-, Büffel-, Fisch-, und Kräuterbratwurst wählen. Der Preis liegt allerdings über dem der Konkurrenz. Für ein „Menü" mit Pommes berechnet man 6 Euro 50.

Dom Curry, Mitte, Markgrafenstraße 36; tgl. 11.00 bis 18.00 Uhr

2 Konnopke

Konnopke ist eine der Bastionen gegen den Verfall der Wurstkultur. Wer hier kauft, bekommt die Wurst so, wie sie sein soll – ohne Darm nämlich. Seit 1930 sind die Konnopkes in dritter Generation in Sachen Wurst unterwegs. Erst mit Bauchladen, dann im Wurstwagen. Sogar in einem Lied wurde Konnopke bereits besungen. Bei der DDR-Kultband Silly hieß es in den Achtzigern: „Mein Gott, bei Konnopke stehen tausend Mann, doch ich hab so'n Kohldampf und stell mich an." Konnopke, der 1960 kurz vor dem Mauerbau die Currywurst nach Ostberlin geholt hatte, ist inzwischen eine Sehenswürdigkeit und viele Touristen kommen nur hierher, um sich vor dem Kiosk unter der U-Bahntrasse selbst zu fotografieren oder fotografieren zu lassen.

Konnopke, Prenzlauer Berg, Schönhauser Allee 44a, www.konnopke-imbiss.de; Di.–Fr. 10.00–20.00, Sa. 12.00– 20.00, So. 12.00 bis 18.00 Uhr

3 Curry 36

Gilt im Osten der Stadt Konnopke als die beste Currywurstbude in Berlin, favorisiert man im Westen Curry 36. Der Laden ist eine Institution in Kreuzberg. Besonders am Abend ist hier der perfekte Platz zum „people-watching". Seit ein paar Jahren liegt man mit dem Gemüsedönerladen nebenan im Wettstreit, vor welchem Kiosk die längeren Kundenschlangen stehen.

Curry 36, Kreuzberg, Mehringdamm 36, www.curry36.de; tgl. 9.00 bis 5.00 Uhr

4 Bier´s Kudamm 195

Bei Curry 195 (umgangssprachlich) in Charlottenburg holt sich der Westberliner seine Currywurst – tagsüber ist eher Otto Normalverbraucher Kunde, abends isst hier (auch) die High Society. Dann wird auch schon mal das ein oder andere Glas Champagner dazubestellt. Logisch, dass man im Curry 195 auch auf die richtige Präsentation achtet und die Leckerei auf einem Porzellanteller über den Tresen reicht. Besonders hoch geht es nach Mitternacht her, wenn sich die Nachtschwärmer eine Stärkung holen.

Bier´s Kudamm 195, Charlottenburg, Kurfürstendamm 195; Mo.–Do. 11.00 bis 5.00, Fr. und Sa. 11.00 bis 6.00, So. 12.00–5.00 Uhr

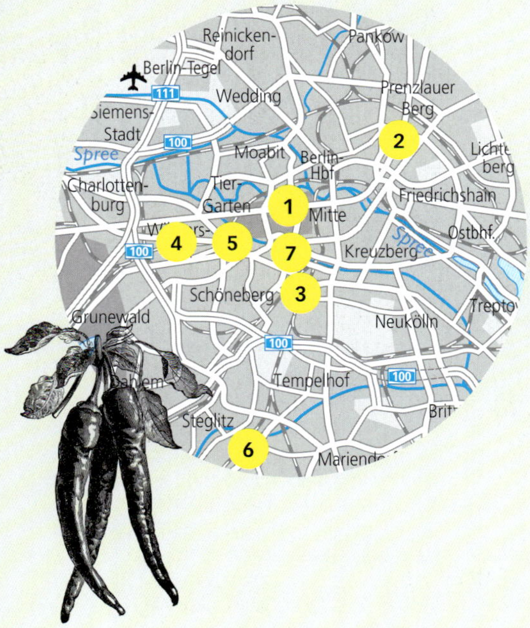

5 Witty's

Wer Bio oder Slow Food mag, ist bei Witty's richtig. Die Wurstwaren kommen aus artgerechter Haltung nach den Bioland-Richtlinien, und sogar die Pommes frites werden aus einer besonderen Bio-Kartoffelsorte hergestellt. Und Witty's wäre keine Berliner Wurstbude, gäbe es hier nicht auch den zweiten Klassiker der Stadt, die Boulette – natürlich auch die ohne Nitritpökelsalz, Emulgatoren oder Geschmacksverstärker.

Witty's, Schöneberg, Wittenbergplatz 5 (gegenüber vom KaDeWe, Mo.–Sa. 10.00 bis 24.00, So. 11.00–24.00 Uhr), Mitte, Friedrichstraße (unter der S-Bahn-Brücke;) www.wittys-berlin.de; Mo. bis Do. 11.00–23.30, Fr.–Sa. 11.00–24.00, So. 11.00 bis 21.00 Uhr

6 Krasselt's

Nur wenige Touristen verirren sich zu Krasselt´s Imbiss. Das liegt aber nicht an der Qualität der Würste, sondern an der wenig zentralen Lage im Stadtteil Steglitz. Zudem ist der winzige Imbiss in eine Nische vor einen Supermarkt gequetscht. Trotzdem wurde Krasselt's schon mehrfach ausgezeichnet. So haben die Hörer eines Berliner Lokalradios die Steglitzer Wurst zur besten Berlins gewählt. Die Soße wird übrigens vom Chef selbst zubereitet.

Krasselt's Imbiss, Steglitzer Damm 22; www.krasselts-berlin.de; Mo. 10.00–23.00, Di.–Sa. 10.00 bis 24.00, So. 11.00 bis 23.00 Uhr

7 Currywurst-Museum

Dass in Berlin das deutschlandweit erste und einzige Currywurstmuseum steht ist nur recht und billig, schließlich wurde hier die kalorienstarke Leckerei erfunden. Neben viel Wissenswertem – wie Informationen über die Zubereitung und die für die Sauce verwendeten Gewürze – werden in dem Museum in der Nähe des Checkpoint Charlie auch völlig nutzlose, aber umso lustigere Trivia vermittelt. Besonders witzig ist die Abteilung „Currywurst im Film". Hier zeigt man Szenen aus bekannten TV-Serien und Filmen, in denen die Wurst eine wichtige Rolle gespielt hat. Logisch, dass dabei auch Götz George, alias Schimanski, Currywurstesser und Tatortkommissar in einer Person, ausführlich zu sehen ist. Einen eigenen Raum hat man Herta Heuwer gewidmet, der Frau der wir die Currywurst verdanken. Nach dem Museumsrundgang kann man das Erlernte beim Praxistest an der Imbissbude des Museums überprüfen. Beim Probiermenü landen sogar drei unterschiedliche Arten Wurst auf dem Teller. Für den kleinen Hunger bestellt man „Currywurst in the cup", und sogar Vegetarier bekommen „Wurst" nach ihrem Geschmack.

Currywurst-Museum, Mitte, Schützenstraße 70, www.currywurstmuseum.com; tgl. 10.00–18.00 Uhr

Breitscheidplatz mit Bikini-Haus und Kaiser-Wilhelm-Gedächtniskirche (links). KulturBrauerei in Prenzlauer Berg (rechts)

Service

Keine Reise ohne Planung. Auf den folgenden Seiten sind Wissenswertes und nützliche Informationen für einen Berlin-Aufenthalt zusammengestellt.

Anreise

Mit dem Auto: Aus allen Himmelsrichtungen führen gut ausgebaute Autobahnen in Richtung Berlin. Sie münden alle in die A 10, den Berliner Ring, der die Stadt umschließt. Für schnelle Verbindungen innerhalb der Metropole sorgt die Stadtautobahn – zur Rushhour fließt der Verkehr hier jedoch zäh. In der Innenstadt ist eine Umweltzone eingerichtet, in der nur Fahrzeuge mit grüner Plakette fahren dürfen. In vielen Bezirken sind Parkzonen eingerichtet, in denen Parken kostenpflichtig ist.
Mit der Bahn: ICE-Verbindungen in alle großen deutschen Städte machen die Hauptstadt zum mit der Bahn bequem erreichbaren Reiseziel. Die Fahrtzeit nach Hamburg beträgt rund anderthalb Stunden, nach Frankfurt viereinhalb bis fünf Stunden, nach München zwischen vier und sechs Stunden. Wichtigster Knotenpunkt ist der Hauptbahnhof; viele ICE und Intercity halten – je nach Fahrtziel – auch am Ostbahnhof, am Südkreuz, in Berlin-Spandau und am Bahnhof Gesundbrunnen. Infos bei der Bahn unter Tel. 0180 699 66 33 (0,20 €/Anruf aus dem Festnetz) bzw. www.bahn.de.
Mit dem Bus: Die meisten Buslinien steuern den Zentralen Omnibusbahnhof (ZOB) in Charlottenburg neben dem Messegelände an, der über eine Gepäckaufbewahrung, eine Wartehalle sowie einen bewachten Pkw-Parkplatz verfügt und gut an den öffentlichen Nahverkehr angebunden ist. Weitere Haltestellen befinden sich u. a. am Alexanderplatz und am Flughafen Schönefeld. Verbindungen nach Berlin bietet u. a. Flixbus (www. meinfernbus.de).
Mit dem Flugzeug: Berlin hat zwei Flughäfen, rund 80 Airlines verbinden die Stadt mit 177 Destinationen in über 50 Ländern. Der Flughafen Tegel im Nordwesten ist über die Stadtautobahn und den öffentlichen Nahverkehr angebunden (Bus TXL pendelt über den Hauptbahnhof zum Alexanderplatz, Expressbus X 9 zum Zoologischen Garten, Bus 109 zur U-Bahn Jakob-Kaiser-Platz, Bus 128 zur U-Bahn Osloer Straße). Vom Flughafen Schönefeld südöstlich von Berlin fährt der Airport-Express halbstündlich in die City; zusätzlich verkehren Regionalbahnen über Alexanderplatz, die S-Bahnlinien S 9 und S 45 sowie mehrere Buslinien. Informationen zu allen Flughäfen unter www. berlin-airport.de.

Info

Berlin Welcome

Die **Berlin Welcome Card** erlaubt die freie Fahrt mit öffentlichen Verkehrsmitteln und bietet günstige Konditionen bei rund 200 Partnern mit Rabatten zwischen 25 % und 50 %. Sie wird in zwölf Varianten abhängig vom Tarifbereich der Verkehrsbetriebe und der gewünschten Dauer ausgegeben. Die Ermäßigungskarte ist zwischen zwei und sechs Tagen gültig. Eintritt in alle Häuser der Museumsinsel kann dazu gebucht werden. Die günstigste Variante mit 48 Std. Gültigkeit ist für 19,90 € erhältlich (ein Erwachsener plus freie Fahrt für bis zu drei Kinder zwischen 6 und 14 Jahren). Im Preis inklusive ist ein Reiseführer mit herausnehmbarem Stadtplan. Die Welcome Card ist online und in den Tourist-Informationen, vielen Hotels und Verkaufsstellen von U- und S-Bahn zu bekommen (www.berlin-welcomecard.de).
Der **Museumspass Berlin** umfasst den freien Eintritt an drei aufeinander folgenden Kalendertagen in über 30 Museen – und das für 29 €. Er ist online auf www.visitberlin.de erhältlich.

Auskunft

Die **Berlin Tourist Info** informiert telefonisch unter 030 25 00 23 33 und per Mail info@visit berlin.de. Viele Informationen sind auch unter www.visitberlin.de verfügbar, Broschüren können kostenpflichtig bestellt werden.
In mehreren Filialen sind außerdem Hotelzimmer und Tickets für Rundfahrten, Museen und den öffentlichen Nahverkehr zu buchen bzw. kaufen.
Flughafen Tegel, Terminal A, Gate 1 und Haupthalle zwischen Terminal A und B, tgl. 8.00 bis 19.00 Uhr
Flughafen Schönefeld, Terminal A, Erdgeschoss, tgl. 8.00–20.00 Uhr
Hauptbahnhof, Erdgeschoss, Europaplatz, tgl. 8.00–21.00 Uhr
Europa-Center, Erdgeschoss, Tauentzienstraße 9, Mo.–Sa. 10.00–20.00 Uhr

Das „Diener" wurde 1954 von Franz Diener, in den 1920er-Jahren Boxchampion und Schwergewichtsmeister, eröffnet. Die Wände schmücken Fotos der Prominenten, die hier in der Grolmanstraße Eisbein aßen oder sich 'ne Molle bestellten

Brandenburger Tor, Pariser Platz, April–Okt. tgl. 9.30–19.00, sonst bis 18.00 Uhr
ZOB, Masurenallee 4-6, Do.–Mo. 8.00–16.00, Di., Mi. 8.00–14.00 Uhr
Park Inn am Alexanderplatz, Alexanderplatz 7 (Hotellobby), Mo.–Sa. 7.00–21.00, So. 8.00 bis 18.00 Uhr

Barrierefreiheit

Viele Verkehrsmittel, Hotels, Restaurants, Museen und Geschäfte sind auf Gäste mit Handicap eingerichtet. Der **Hauptbahnhof** ist mit sprechenden Aufzügen und Blindenleitsystem ausgestattet; auch weitere **Fernbahnhöfe** wie Südkreuz oder Ostbahnhof sind barrierefrei (Informationen unter Tel. 0180 551 25 12, kostenpflichtig). Weitgehend barrierefrei sind die **Flughäfen Tegel und Schönefeld.** Ein großer Teil der **U- und S-Bahnhöfe** ist mit Aufzügen ausgestattet. Die gesamte **Busflotte** ist mit ausklappbaren Rampen bestückt, an den meisten **Straßenbahnlinien** befindet sich ein Rollstuhleinstieg im vorderen Wagen (Informationen unter www.bvg.de/barrierefrei). Einzigartig ist der **Bus & Bahn Begleitservice** des Verkehrsverbunds Berlin-Brandenburg – auf Wunsch können sich Fahrgäste kostenlos durch die Stadt begleiten lassen (Mo.–Fr. 9.30 bis 17.30 Uhr, Reservierung unter Tel. 030 34 64 99 40 und www.vbb.de). Die Mobidat Datenbank informiert über die Zugänglichkeit von **Sehenswürdigkeiten und Hotels** (www.mobidat.net). Einen akustischen Reiseführer für **Blinde und Sehbehinderte** findet man unter www.berlinfuerblinde.de.

Essen und Trinken

Currywurst und Boulette – an diese beiden Klassiker denken die meisten nach wie vor beim Stichwort **Berliner Küche**. Tatsächlich dominierten lange Zeit deftige Gerichte wie Eisbein mit Erbspüree, Kalbsleber und Sülze mit Bratkartoffeln die Speisekarten. Anfang der 1970er kam der Döner dazu – frisch geschnittenes gegrilltes Fleisch im Fladenbrot, zunächst nur trocken oder mit Zwiebel serviert, später auch mit Salat. Doch mit der Wende setzte auch in Berlins Gastronomie ein Wandel ein: Mit dem Zustrom von Menschen aus aller Welt hielten auch bunte Küchentraditionen Einzug, die heute aus dem Straßenbild nicht mehr wegzudenken sind: Es gibt mexikanische und peruanische, thailändische und koreanische, südafrikanische und äthiopische Restaurants. Und neben mancher Currywurstbude hat heute ein stylischer Foodtruck geparkt, der Bio-Hamburger oder Käsespätzle verkauft.
Für die Ausgabe 2017 des Restaurantführers Michelin wurden 20 Restaurants mit insgesamt 26 Sternen ausgezeichnet, davon 14 mit einem Stern und sieben mit zwei Sternen – Berlin ist damit die Stadt mit den meisten **Sternerestaurants** Deutschlands. Neben innovativen, originellen Rezepten stehen dabei auch Regionalität und Nachhaltigkeit im Vordergrund. Auch der Trend zu vegetarischer und veganer Lebensweise schlägt sich in der Restaurantszene nieder – nur die Currywurst, sie blieb unverändert.
Restaurantempfehlungen finden sich auf den jeweiligen Info-Seiten.

Preiskategorien

€€€€	Hauptspeisen	über 20 €
€€€	Hauptspeisen	15–20 €
€€	Hauptspeisen	10–15 €
€	Hauptspeisen	unter 10 €

Kinder und Familien

Familien mit Kindern finden in Berlin eine Fülle von Aktivitäten, interaktiven Mitmach-Museen und Erlebniswelten sowie zwei Tierparks. „Lernen durch Selbermachen" lautet das Motto im **Kindermuseum Labyrinth** mit seinen wechselnden Ausstellungen (www.kindermuseum-labyrinth.de). Auch im **MACHmit! Museum** lernt man spielerisch bei handwerklichen und künstlerischen Aktivitäten (www.machmitmuseum.de). Das **Jugendmuseum** in Schöneberg führt in Ausstellungen, Projekttagen und Workshops in die Geschichte Berlins ein (www.jugendmuseum.de). Im **Computerspielemuseum** dreht sich alles um digitale Welten (www.computerspielemuseum.de). Ebenfalls populär, aber nicht preisgünstig, ist das **Legoland Discovery Centre** (www.legolanddiscoverycentre.de). Auch viele der „klassischen" **Museen** haben Touren und Aktivitäten im Programm, die Kinder ansprechen; einen Überblick bietet das Museumsportal Berlin (www.museumsportal-berlin.de).

Info

Daten & Fakten

Geografisch: Mit 892 km² Fläche ist Berlin fast neunmal so groß wie Paris. Die Stadtgrenze ist 234 km lang, die größte Ausdehnung von Ost nach West beträgt 45 km, von Nord nach Süd 38 km. Berlin ist komplett vom Bundesland Brandenburg umschlossen. Die Landesgrenze zu Polen liegt rund 70 km östl. entfernt.
Berlin gilt als eine der waldreichsten Großstädte Europas; knapp ein Drittel der Stadtfläche bedecken Grün, Wald und Wasser. In der Metropole befinden sich mehr als 180 km schiffbare Wasserstraßen. Die Straßen werden von 438 000 Bäumen gesäumt. 2500 Parks und Grünanlagen bieten Raum für Erholung. Zudem gibt es mehr als 900 Kleingartenkolonien – aufgrund der regen Bautätigkeit nimmt diese Zahl jedoch ab. Die höchsten Erhebungen sind die Arkenberge (121 m) in Pankow, der aus Trümmerschutt bestehende Teufelsberg (120 m) und der große Müggelberg (115 m).
Bevölkerung: Ende 2017 waren in Berlin rund 3,6 Mio. Einw. gemeldet. Die Stadt wächst seit einigen Jahren sehr dynamisch: 2012–2014 hat Berlin im Saldo rund 135 000 Personen hinzugewonnen, 2015 waren es gut 48 000. Zurzeit sind rund 880 000 Ausländer aus 180 Staaten in Berlin registriert; die größte Migrantengruppe bilden mit insgesamt knapp 98 000 Personen Menschen türkischer Nationalität. Eine Prognose des Senats geht für 2030 von einer Einwohnerzahl von mehr als 3,8 Mio. aus.
Wirtschaft: Die Berliner Wirtschaft befindet sich seit etwa 2005 in einem Aufholprozess, das Bruttoinlandsprodukt wächst seitdem um durchschnittlich 2 % im Jahr; 2017 lag es bei 129,42 Mrd. Euro. Die Zahl der Erwerbstätigen befindet sich seit Jahren im Aufwärtstrend; sie liegt Anfang 2018 bei 1,97 Mio. Personen. Besonders viele Arbeitsplätze entstehen im Dienstleistungssektor. Die Arbeitslosenquote lag im Mai 2018 bei 8,1 %. Eine große Bedeutung kommt dem Tourismus zu, der regelmäßig Wachstumszahlen von mindestens 5 % jährlich vermeldet. 2017 wurden etwa 31 Mio. Übernachtungen gezählt. Über 12 Mio. Besucher reisten in die Hauptstadt, rund 45 % kamen davon aus dem Ausland.

Trabi Safaris: entweder durch die City West und über den „Ku'damm", auf den Spuren der Mauer oder in den „Wilden Osten" bis zur Karl-Marx-Allee.

Bunte Graffiti-Tour durch Kreuzberg: unterwegs mit GoArt!

Spezielle **Stadtrundgänge** mit pädagogischer Begleitung hat Stattreisen im Angebot, beispielsweise eine Ganovenjagd frei nach Erich Kästners Klassiker „Emil und die Detektive" (www.stattreisenberlin.de). Hörspiele zum Mitlaufen gibt es auf einem Leihgerät oder als App bei „Stadt im Ohr" (www.stadt-im-ohr.de). **Landleben** finden Familien auf der Farm Lübars im Stil eines märkischen Bauernhofs (www.jugendfarm-und-familienfarm-luebars.de); das kleinere Pendant im Osten nennt sich Kinderbauernhof Pinke-Panke (www.kinderbauernhof-pinke-panke.de). In der Wuhlheide erwarten Kinder im **Freizeitzentrum FEZ** ein Badesee, Spiel-, Sport- und Bolzplätze sowie ein wechselndes Programm (www.fez-berlin.de). Auch die Berliner **Opernhäuser** bieten Veranstaltungen für Kinder, u. a. in der Deutschen Oper (www.deutscheoperberlin.de), in der Staatsoper (www.staatsoper-berlin.de) und in der Komischen Oper mit eigenen Opern- und Konzertreihen für junges Publikum (www.komische-oper-berlin.de). Dazu kommen spezielle Programme vieler **Theater**, u.a. im Grips-Theater (www.grips-theater.de), Atze Musiktheater (www.atzeberlin.de) oder im Theater an der Parkaue (www.parkaue.de).

Info

Geschichte

12. Jh. Zwei Siedlungen entstehen: Coelln und Berlin. Coelln wird erstmals 1237 urkundlich erwähnt, Berlin folgt 1244. Reste von Bauholz unter dem Schlossplatz werden 2008 von Archäologen auf 1183 datiert.
1307 Zusammenschluss von Cölln und Berlin.
1411 Beginn der rund 500-jährigen Hohenzollern-Herrschaft mit Kurfürst Friedrich I.
1443 Grundsteinlegung für den Vorgängerbau des Berliner Stadtschlosses.
um 1550 Berlin zählt rund 12 000 Einw.
1618–1648 Der Dreißigjährige Krieg bringt große Verwüstungen.
1640 Beginn der Regierungszeit von Friedrich Wilhelm, des Großen Kurfürsten.
1671 Gründung der jüdischen Gemeinde.
1685 Erlass des Toleranzedikts von Potsdam; rund 12 000 hugenottische Glaubensflüchtlinge bringen aus Frankreich Know-how und handwerkliche Kenntnisse mit.
1701 Kurfürst Friedrich III. krönt sich selbst zu Friedrich I., König in Preußen.
1709 Berlin vereint sich mit Friedrichswerder, Friedrichstadt und Dorotheenstadt und zählt rund 55 000 Einw.
1709 Gründung der Charité als Pesthaus.
1740 Amtsantritt von Friedrich II., dem „Großen". Berlin wird ein Zentrum der Aufklärung; es entstehen Bauten wie die Staatsoper, die Hedwigs-Kathedrale, die heutige Humboldt-Universität und das Zeughaus.
1791 Einweihung des Brandenburger Tors.
1806 Napoleon Bonaparte besetzt mit seiner Armee Berlin.
1810 Gründung der Humboldt-Universität im Prinz-Heinrich-Palais.
1871 Berlin wird Hauptstadt des neugegründeten Deutschen Reiches.
1877 Die Einwohnerzahl übersteigt 1 Mio.
1902 Die erste U-Bahnlinie wird eröffnet.
1914–1918 Erster Weltkrieg, der mit Unruhen in Berlin endet; Kaiser Wilhelm II. dankt ab.
1920 Gründung Groß-Berlins durch Erweiterung um sieben Städte, 59 Gemeinden und 27 Gutsbezirke.
1923 Der Flughafen Tempelhof nimmt den Betrieb auf.
1933 Machtübernahme Adolf Hitlers, Bücherverbrennung auf dem Bebelplatz.
1936 Olympische Sommerspiele in Berlin.
1939–1945 Zweiter Weltkrieg. Sowjetische Soldaten hissen am 30.4.1945 die rote Fahne auf dem Reichstag. Am 8.5.1945 Unterzeichnung der Kapitulation in Berlin-Karlshorst. 600 000 Wohnungen sind zerstört. Berlin wird in vier alliierte Sektoren aufgeteilt.
1948/1949 Blockade West-Berlins, Versorgung durch die Luftbrücke der westlichen Alliierten.
1949 Gründung der Bundesrepublik Deutschland am 23.5.1949, der Deutschen Demokratischen Republik am 7.10.1949.
1950 Sprengung des Berliner Stadtschlosses.
1953 Niederschlagung des Volksaufstands in der DDR durch sowjetische Truppen.
1957 Internationale Bauausstellung mit neuer Architektur im (Westberliner) Hansaviertel.
1961 Beginn des Mauerbaus am 13.8.1961.
1963 Besuch von US-Präsident John F. Kennedy und seine berühmte „Ich bin ein Berliner"-Rede.
1967 Ein Polizist und Mitarbeiter der DDR-Staatssicherheit erschießt den Studenten Benno Ohnesorg; Studentenunruhen folgen.
1970er-Jahre Abrisspläne für Kreuzberger Kieze führen zu Protesten und Hausbesetzungen.
1987 Berlin feiert 750 Jahre Stadtgründung.
9.11.1989 Tag des Mauerfalls.
1990 Erste freie Wahlen zur Volkskammer der DDR im März; Vereinigung der beiden deutschen Staaten am 3.10.1990.
1991 Der Bundestag in Bonn bestimmt Berlin zum Regierungssitz; Umzug erst 1999.
1999 Die UNESCO ernennt die Museumsinsel zum Weltkulturerbe.
2006 Der Bundestag beschließt, den Palast der Republik abzureißen. Baubeginn des Großflughafens Berlin-Brandenburg.
2008 Der innenstädtische Flughafen Tempelhof stellt seinen Betrieb ein. Sechs Siedlungen der Berliner Moderne werden UNESCO-Welterbestätten.
2009 Wiedereröffnung des Neuen Museums als letztem Haus auf der Museumsinsel.
2013 Grundsteinlegung für den Wiederaufbau des Stadtschlosses.
2016 Bei einem Terroranschlag auf dem Weihnachtsmarkt auf dem Breitscheidplatz kommen elf Menschen ums Leben.
2017 Die defizitäre Fluglinie Air Berlin meldet Insolvenz an.

Weitere Informationen für Familien unter familie.visitBerlin.de, www.berlinmitkind.de, www.kinderberlin.de und www.berlin-familie.de.

Öffentlicher Verkehr

Bahn und Bus: Berlin verfügt über ein öffentliches Nahverkehrssystem mit einem dichten Netz aus U- und S-Bahnlinien, Bus- und Straßenbahnverbindungen. Das Netz ist in drei Tarifzonen unterteilt: Tarifbereich A ist durch den S-Bahn-Ring begrenzt und umfasst die Innenstadt. Tarifbereich B endet an den Stadtgrenzen. Tarifbereich C umfasst auch das angrenzende Umland, das vor allem über die S-Bahn erreichbar ist. Angeboten werden Tickets kombiniert für die Tarifbereiche AB, BC sowie ABC. Für die meisten Fahrten ist der Innenstadttarif AB ausreichend. Die Fahrkarten im Regeltarif sind 120 Min. in einer Richtung gültig. Wichtig: Die **Tickets** müssen vor Fahrtantritt abgestempelt werden.
Taxi: In Berlin verkehren 7000 Taxen. Der Grundpreis beträgt 3,90 €, der Kilometerpreis für die ersten 7 km je 2 Euro und für alle weiteren km 1,50 €. Bei herangewinkten Taxen und einer Strecke unter 2 km kann man den Kurzstreckentarif von pauschal 5 € wählen (ausdrücklich vor Fahrtbeginn). **Taxiunternehmen:** Taxi Berlin Tel. 030 20 20 20, Würfelfunk Tel. 030 21 01 21, Taxifunk Berlin Tel. 030 44 33 22, Funktaxi Berlin Tel. 030 26 10 26.

Reisezeit

Die Saison beginnt mit den ersten wärmenden Sonnenstrahlen des Jahres – dann stellen Cafés und Restaurants die Tische hinaus. Ab Mai herrschen angenehme Temperaturen um 15 Grad, im Sommer kann es bis über 30 Grad heiß werden, das Leben findet dann bei mediterranem Flair im Freien statt. Mit Glück erlebt man im Herbst einen farbenfrohen Indian Summer, bis die Novemberstürme das letzte Laub von den Bäumen holen. Im Winter kann es schneien, die Pracht bleibt jedoch selten lange liegen. Unangenehm kann es im Januar und Februar werden bei Temperaturen um null Grad und Hochnebel.

Sportlich aktiv

Baden: Neben zahlreichen **Frei- und Hallenbädern** zieht es die Berliner im Sommer an die Seen. Am bekanntesten sind im Westen das **Strandbad Wannsee,** im Osten das **Strandbad Müggelsee.** Gebadet wird aber auch an kleineren Gewässern wie dem Schlachtensee, dem Weißen See, den Grunewaldseen und der Krummen Lanke. Die **Wasserqualität** wird regelmäßig überprüft und kann über das Badegewässertelefon erfragt werden (Tel. 030 902 29 55 55, Mitte Mai–Mitte Sept. tgl. 7.00 bis 18.00 Uhr).
Golf: Golfen in der Großstadt? Tatsächlich findet man am Stadtrand und im nahen Umland mehrere Plätze, darunter den 1895 gegründeten Golf- und Land-Club Berlin, den Golf- und Country Club Seddiner See und das Golf Resort Pankow. Eine **Übersicht** gibt es beim Golfverband Berlin-Brandenburg (www.gvbb.de).
Klettern: Kletterer treffen sich u.a. in Marienfelde in der 1900 m² großen **Area 85** mit umfangreichem Kursangebot (www.area-85.de/klettern-berlin). **Magic Mountain** im Wedding bietet bis zu 16 m hohe Wände (www.magicmountain.de). Ein Indoor-Hochseilgarten und ein Klettersteig sind Teil des **Bergwerks** in Hellersdorf (www.bergwerk-berlin.de). Geklettert wird auch im **Ostbloc** an der Rummelsburger Bucht (www.ost bloc.de). Ein Bunker wurde in Friedrichshain am **Kegel** zur Übungsfläche umfunktioniert (www.derkegel.de).
Radfahren: Der Anteil des Fahrradverkehrs liegt in Berlin bei rund 15 %, mit steigender Tendenz. Gleichzeitig landet die Stadt bei Umfragen in puncto Fahrradfreundlichkeit regelmäßig auf hinteren Rängen – dem wachsenden Bedürfnis nach sicheren Radwegen trägt die Verkehrspolitik noch unzureichend Rechnung. Dennoch ist das Rad ideal zum Sightseeing. Überall in der Stadt findet man **Verleihstationen** (Leihgebühr rund 10 € am Tag), dazu kommt das System **Call-a-Bike** bzw. **LIDL-BIKE** mit mehr als 1600 verfügbaren Leihrädern (www.callabike.de, www.lidl-bike.de). Wer sich lieber chauffieren lässt, steigt in eine **Fahrradrikscha** (www.velotaxi.de, März bis Okt.). Die Mitnahme von Fahrrädern in **U-, S- und Straßenbahnen** ist möglich).

Tipp

Originelle Touren

Die Kunstszene der Hauptstadt ist ständig in Bewegung. Die Agentur **GoArt!** (Tel. 030 30 87 36 26, www.goart-berlin.de) stellt deshalb aktuell-exklusive Führungen und Programme zusammen. Darüber hinaus hat GoArt! Touren zu den Themen Architektur, Mode, Design und Kulinarik im Angebot.
Wie fühlt es sich an, im Weltkulturerbe zu leben? In Britz, einer von fünf UNESCO-„Siedlungen der Berliner Moderne", lässt sich in eine Wohnung schauen und bei Kaffee und Kuchen mit Bewohnern ins Gespräch kommen – nur ein Beispiel aus dem Programm des Veranstalters **StattReisen** (Tel. 030 455 30 28, www.stattreisenberlin.de) mit dem wohl umfangreichsten Angebot von Touren in einzelne Berliner Kieze.
Der rostige Charme jahrzehntealter Technik, das Gänsehautgefühl in den Gängen eines halb verfallenen Sanatoriums, die Assoziationen in den Zimmern eines aufgegebenen Hotels: Der Veranstalter **Go2Know** (Tel. 030 26 55 81 50, www.go2know. de) bietet Touren zu „lost places" an, zu vergessenen Orten, von denen es auch in und um Berlin zahlreiche gibt.
„Berlin mit anderen Augen", so möchte **Cross Roads** (030 526 80 21 35, www.crossroads-berlin.com) Besuchern die Stadt nahe bringen – immer auch unter dem Blickwinkel „Kirche und ..."
„Wer Trabi fahren kann, kann auch Auto fahren", lautet ein geflügeltes Wort, denn der Umgang mit einem Trabant hat seine Tücken . Im Rahmen einer **Trabi-Safari** (East Car Tours, Tel. 030 30 20 10 30, www.trabi-safari.de) kann man die „Rennpappe" selbst einmal durch Berlin steuern – für die einen ein Abenteuer, für die anderen eine womöglich nostalgische Zeitreise.

Das „Neue Kranzler Eck" am Kurfürstendamm

Ein Streckennetz mit zwölf markierten **Radrouten** führt quer durch die Stadt. Der ADFC informiert über Routen unter www.radundtouren.de, Visit Berlin unter fahrrad.visitBerlin.de. Diverse Veranstalter haben geführte Radtouren im Programm (u. a. www.berlinonbike.de).
Schiffstouren: Auf Spree, Havel und Landwehrkanal sowie zahlreichen Seen sind Schiffsfahrten im Angebot, von der einstündigen Innenstadtrunde bis zum Sieben-Seen-Ausflug (u. a. www.sternundkreis.de). Dazu kommen Thementouren wie abendliche Lichterfahrten (2 Std. ab Plänterwald, www.spreetours.de), Krimi-, Verkostungs-, Comedy- und Geschichtsfahrten (www.reederei-riedel.de).

Unterkunft

Hotels: 2017 zählte Berlin knapp 800 Beherbergungsbetriebe, gut 30 davon haben 5-Sterne-Niveau. Am bekanntesten ist das „Adlon Kempinski" am Pariser Platz, ein neues Flaggschiff das „Waldorf Astoria" im höchsten Gebäude der City West. Zum breiten Angebot der Spitzenhotellerie kommt eine große Auswahl mittelständischer Hotels in unterschiedlichen Preis- und Komfortklassen sowie diverse Hostels. Insgesamt ist das Preisniveau in der Hauptstadt niedriger als in vergleichbaren europäischen Metropolen. **Hotelempfehlungen** finden sich auf den jeweiligen Info-Seiten.
Camping: In Berlin gibt es rund ein Dutzend Campingplätze, die meisten liegen im grünen Westen in Havelnähe. Informationen bei Visit Berlin (www.visitberlin.de) und beim Deutschen Camping Club (www.dccberlin.de).
Jugendherbergen: Das Deutsche Jugendherbergswerk nennt für Berlin vier Häuser, nahe dem Potsdamer Platz, am Ostkreuz, am Tegeler Fließ und am Wannsee (www.jugendherbergen-berlin-brandenburg.de).
City Tax: Berlin hat 2014 eine „Bettensteuer" für Privatreisende eingeführt. Sie betrifft Übernachtungen in Hotels, Pensionen, Ferienwohnungen, Hostels, Jugendherbergen und auf Campingplätzen. Beruflich veranlasste Übernachtungen sind davon ausgenommen. Die Steuer von 5 % wird auf den Übernachtungsnettopreis erhoben.

Preiskategorien

€€€€	Doppelzimmer	über 200 €
€€€	Doppelzimmer	140–200 €
€€	Doppelzimmer	80–140 €
€	Doppelzimmer	bis 80 €

Veranstaltungen

Der Febr. steht im Zeichen der **Internationalen Filmfestspiele** (www.berlinale.de). Im März findet die **Internationale Tourismusbörse Berlin** (ITB) auf dem Messegelände statt (www.itb-berlin.de). Beim **Gallery Weekend** Ende April präsentieren rund 50 Galerien Ausstellungen (www.gallery-weekend-berlin.de). Im Mai werden im Rahmen des **Theatertreffens** Inszenierungen aus ganz Deutschland gezeigt (www.berlinerfestspiele.de). Zum **Karneval der Kulturen** versammeln sich an Pfingsten rund eine Million Menschen. Alle zwei Jahre wird die **Biennale** für zeitgenössische Kunst ausgerichtet (www.berlinbiennale.de; Juni–Sept. 2018). Freier Eintritt gilt für die rund 100 Bühnen der **Fête de la Musique** am 21. Juni (www.fetedelamu sique.de). Tradition hat auch der **Christopher Street Day** (CSD) im Juli. Bei der **Langen Nacht der Museen** im Aug. verbinden Bus-Shuttles Museen (www.lange-nacht-der-museen.de). Neueste Trends stellt im Sept. die **Internationale Funkausstellung** vor (www.ifa-berlin.de). Beim **Festival of Lights** und bei **Berlin leuchtet** im Okt. werden prominente Gebäude farbenfroh angeleuchtet (www.festival-of-lights.de, http://berlinleuchtet.com). Im Dez. gibt es rund 60 **Weihnachtsmärkte.** Das Jahr endet mit der großen **Silvesterfeier** am Brandenburger Tor.

Die Siegessäule auf dem Großen Stern wurde bis 1873 als nationales Denkmal für die Einigungskriege mitten im Großen Tiergarten errichtet. Die sie krönende Viktoria, vom Volksmund „Goldelse" genannt, hat ihr Vorbild in der Siegesgöttin der römischen Mythologie

Register

Impressum

2. Auflage 2019

Verlag: DuMont Reiseverlag, Postfach 3151, 73751 Ostfildern, Tel. 0711 45 02 0, Fax 0711 45 02 135, www.dumontreise.de
Geschäftsführer: Dr. Thomas Brinkmann, Dr. Stephanie Mair-Huydts
Programmleitung: Birgit Borowski
Redaktion: Achim Bourmer
Text: Oliver Gerhard und Rasso Knoller, Berlin
Exklusiv-Fotografie: Sabine Lubenow, Düsseldorf
Zusätzliches Bildmaterial: © Deutsches Currywurst Museum, Berlin (S. 115 u.r.), getty images/Andreas Rentz (S. 59), getty images/Sean Gallup (S. 60 u.), iStockphoto (Illustrationen, S. 22, 43, 65, 90, 95, 114, 115), mauritius images/ Reciprocity Images Editorial/Alamy (S. 89 u.), picture alliance/dpa/Hannibal Hannschke (S. 22 r.), picture alliance/dpa/Tim Brakemeier (S. 114 r.),picture alliance/dpa-Report/Hubert Link (S. 23 o.l.), picture alliance/Eventpress Hoensch (S. 22 l.), picture alliance/POP-EYE/Scherf (S. 23 r.u.), picture alliance/Alexander Prautzsch/dpa (S. 23 o.r), Shutterstock (Illustration, S. 5, 113), Vectorstock (Illustration, S. 81)
Grafische Konzeption, Art Direktion, Layout: fpm factor product münchen
Cover Gestaltung: Neue Gestaltung, Berlin
Kartografie: © MAIRDUMONT GmbH & Co. KG, Ostfildern, Kartografie Lawall (Karten für „Unsere Favoriten")
DuMont Bildarchiv: Marco-Polo- Straße 1, 73760 Ostfildern, Tel. 0711 45 02 266, Fax 0711 45 02 10 06, bildarchiv@mairdumont.com

Anzeigenvermarktung: MAIRDUMONT MEDIA, Tel. 0711 45 02 0, Fax 0711 45 02 10 12, media@mairdumont.com, http://media.mairdumont.com
Vertrieb Zeitschriftenhandel: PARTNER Medienservices GmbH, Postfach 810420, 70521 Stuttgart, Tel. 0711 72 52 212, Fax 0711 72 52 320
Vertrieb Abonnement: Leserservice DuMont Bildatlas, Zenit Pressevertrieb GmbH, Postfach 810640, 70523 Stuttgart, Tel. 0711 72 52 265, Fax 0711 72 52 333, dumontreise@zenit-presse.de
Vertrieb Buchhandel und Einzelhefte: MAIRDUMONT GmbH & Co KG, Marco-Polo-Straße 1, 73760 Ostfildern, Tel. 0711 45 02 0, Fax 0711 45 02 340
Reproduktionen: PPP Pre Print Partner GmbH & Co. KG, Köln
Druck und buchbinderische Verarbeitung: NEEF + STUMME premium printing GmbH & Co. KG, Wittingen, Printed in Germany

FSC www.fsc.org MIX Papier aus verantwortungsvollen Quellen FSC® C001857

Magische Steine – Yoga vor der eindrucksvollen Kulisse der Externsteine.

Herrliche Aussichten sind in den Dolomiten immer wieder garantiert.

Südtirol

Ein Land für Genießer
Eine hohe Dichte an Sterne-restaurants zeichnet Südtirol genauso aus wie urige und einfache Almhütten. Wir halten viele gute Adressen für Sie bereit!

Die Natur macht's
Viele Wellness-Anwendungen gehen auf traditionelle Hausrezepte der bäuerlichen Bevölkerung zurück. Sei es beim Bad in Schafwolle, Almheu oder in Latschenkiefern.

Nicht nur für Gipfelstürmer
Die Palette an schönen Wanderungen ganz unterschiedlicher Schwierigkeitsgrade ist riesig!

Teutoburger Wald

Urbaner Charme
Wir präsentieren die drei Metropolen der Region: Bielefeld, Paderborn und Detmold mit ihren Sehenswürdigkeiten und bedeutenden Museen.

Wanderspaß ist garantiert
Der Hermannsweg verläuft über den Kamm des Teutoburger Waldes. Unterwegs faszinieren herrliche Ausblicke, romantische Schluchten und dichte Buchenwälder.

Die tollsten Events ...
... haben wir für Sie zusammengestellt: Die Skala reicht von Open-Air-Konzerten über Gourmetfestivals bis zu Burgfesten.

www.dumontreise.de

Lieferbare Ausgaben

DEUTSCHLAND
119 Allgäu
092 Altmühltal
105 Bayerischer Wald
180 Berlin
162 Bodensee
175 Chiemgau, Berchtesgadener Land
013 Dresden, Sächsische Schweiz
152 Eifel, Aachen
157 Elbe und Weser, Bremen
168 Franken
020 Frankfurt, Rhein-Main
112 Freiburg, Basel, Colmar
028 Hamburg
026 Hannover zwischen Harz und Heide
042 Harz
023 Leipzig, Halle, Magdeburg
131 Lüneburger Heide, Wendland
188 Mecklenburgische Seen
038 Mecklenburg-Vorpommern
033 Mosel
190 München
047 Münsterland
015 Nordseeküste Schleswig-Holstein
006 Oberbayern
161 Odenwald, Heidelberg
035 Osnabrücker Land, Emsland
002 Ostfriesland, Oldenburger Land
164 Ostseeküste Mecklenburg-Vorpommern
154 Ostseeküste Schleswig-Holstein
201 Pfalz
040 Rhein zw. Köln und Mainz
185 Rhön
186 Rügen, Usedom, Hiddensee
206 Ruhrgebiet
149 Saarland
182 Sachsen
081 Sachsen-Anhalt
117 Sauerland, Siegerland
159 Schwarzwald Norden
045 Schwarzwald Süden
018 Spreewald, Lausitz
008 Stuttgart, Schwäbische Alb
141 Sylt, Amrum, Föhr
204 Teutoburger Wald
170 Thüringen
037 Weserbergland
173 Wiesbaden, Rheingau

BENELUX
156 Amsterdam
011 Flandern, Brüssel
179 Niederlande

FRANKREICH
177 Bretagne
021 Côte d'Azur
032 Elsass
009 Frankreich Süden Okzitanien
019 Korsika
071 Normandie
001 Paris
198 Provence

GROSSBRITANNIEN/IRLAND
187 Irland
202 London
189 Schottland
030 Südengland

ITALIEN/MALTA/KROATIEN
181 Apulien, Kalabrien
017 Gardasee, Trentino
110 Golf von Neapel, Kampanien
163 Istrien, Kvarner Bucht
128 Italien, Norden
005 Kroatische Adriaküste
167 Malta
155 Oberitalienische Seen
158 Piemont, Turin
014 Rom
165 Sardinien
003 Sizilien
203 Südtirol
039 Toskana
091 Venedig, Venetien

GRIECHENLAND/ZYPERN/TÜRKEI
034 Istanbul
016 Kreta
176 Türkische Südküste, Antalya
148 Zypern

MITTEL- UND OSTEUROPA
104 Baltikum
094 Danzig, Ostsee, Masuren
169 Krakau, Breslau, Polen Süden
044 Prag
193 St. Petersburg

ÖSTERREICH/SCHWEIZ
192 Kärnten
004 Salzburger Land
196 Schweiz
144 Tirol
197 Wien

SPANIEN/PORTUGAL
043 Algarve
093 Andalusien
150 Barcelona
025 Gran Canaria, Fuerteventura, Lanzarote
172 Kanarische Inseln
199 Lissabon
124 Madeira
174 Mallorca
007 Spanien Norden, Jakobsweg
118 Teneriffa, La Palma, La Gomera , El Hierro

SKANDINAVIEN/NORDEUROPA
166 Dänemark
153 Hurtigruten
029 Island
200 Norwegen Norden
178 Norwegen Süden
151 Schweden Süden, Stockholm

LÄNDERÜBERGREIFENDE BÄNDE
123 Donau – Von der Quelle bis zur Mündung
112 Freiburg, Basel, Colmar

AUSSEREUROPÄISCHE ZIELE
183 Australien Osten, Sydney
109 Australien Süden, Westen
195 Costa Rica
024 Dubai, Abu Dhabi, VAE
160 Florida
036 Indien
205 Iran
027 Israel, Palästina
111 Kalifornien
031 Kanada Osten
191 Kanada Westen
171 Kuba
022 Namibia
194 Neuseeland
041 New York
184 Sri Lanka
048 Südafrika
012 Thailand
046 Vietnam